Ilona Einwohlt
Nonstop online?
Grenzenlos digital unterwegs

Ebenfalls von der Autorin im Arena Verlag erschienen:
Mein Pickel und ich
Die Schule und ich
Mein Knutschfleck und ich
Die Jungs und ich
Meine Clique und ich
Mein Schutzengel und ich
Das Model und ich
Die Welt und ich
Die Liebe und ich
Meine Ökokrise und ich
Mein Leben und ich
AllerBesteFreundinnenZeiten und ich

Alicia. Unverhofft nervt oft
Alicia. Wer zuerst küsst, küsst am besten
Alicia. Liebe gut, alles gut

Felis Überlebenstipps. Zettelkram und Kopfsalat.:
Neue Schule, neues Glück
Freundschaftskribbeln im Bauch
Familienkrach und Herzenstrost

Beste Freundinnen gegen den Rest der Welt (Geschichten-Sammelband zusammen
mit Margot Berger, Stefanie Dörr und Alice Pantermüller)

Drillingsküsse. Wen lieb ich, und wenn ja, wie viele?

Schmetterlingsflügel für dich

Ilona Einwohlt,
geboren 1968, hat sich mit ihren Mädchenbüchern längst
einen Namen gemacht – nicht zuletzt deshalb, weil sie mit ihrem
locker-einfühlsamen Ton über Themen schreibt, die Mädchen
wirklich interessieren. Die Autorin lebt mit ihrer Familie
in der Nähe von Darmstadt. Mehr über die Autorin unter
www.ilonaeinwohlt.de.

Ilona Einwohlt

Nonstop online?
Grenzenlos digital unterwegs

Arena

1. Auflage als aktualisierte Ausgabe im Arena-Taschenbuch 2016
© Arena Verlag GmbH, Würzburg 2013
Dieses Buch ist bereits in anderer Ausstattung unter dem Titel
„Goldmarie online. Im Internetfieber – und jetzt?" beim Verlag erschienen.
Alle Rechte vorbehalten
Einbandgestaltung: Maria Proctor unter Verwendung einer Illustration
von Annabelle von Sperber
Umschlagtypografie: KCS GmbH · Verlagsservice & Medienproduktion,
Stelle/Hamburg
Gesamtherstellung: Westermann Druck Zwickau GmbH
ISSN 0518-4002
ISBN 9-783-401-50847-4

Besuche uns unter:
www.arena-verlag.de
www.klara-change.de
www.twitter.com/arenaverlag
www.facebook.com/arenaverlagfans

Inhalt

1 Neustart

„Puh, geschafft!" Erleichtert schiebe ich die Schublade meiner nigelnagelneuen Kommode zu. Soeben habe ich das letzte Paar Socken einsortiert – Sneakersocken neben die bunten *Happy Socks,* die einfarbigen dahinter. Einen extra Wäscheschrank – so viel Platz hatte ich in meinem alten Zimmer gar nicht! Denn in unserem neuen Haus ist alles dreimal so groß. Meine Eltern haben an nichts gespart, mir scheint es, als hätten sie nur darauf gewartet, endlich mit vollen Händen das Geld ausgeben zu können, das sie in ihren Managerjobs verdienen und jahrelang gespart haben. Hatten wir vorher eine gemütliche Altbauwohnung mitten in der Stadt, wohnen wir seit vierzehn Tagen in einem verschachtelten, sehr modernen Bungalow, den meine Eltern dreißig Kilometer außerhalb auf dem Land gebaut haben – mit allem Pipapo: Im Keller gibt es eine Sauna und einen Partyraum, ein Weinlager mit Klimakühlschrank und einen Hauswirtschaftsraum für Marianne, unsere Zugehfrau.

Im Erdgeschoss befindet sich eine geräumige Wohnküche mit einer Kochinsel, weil mein Vater zur Entspannung gerne kocht und sich dabei von seinen Freunden bewundern lässt. Ich glaube, alleine deshalb ist ihm dieses Haus so wichtig, weil er jetzt endlich im Mittelpunkt stehen kann, wenn er sein berühmtes *Boeuf Bourguignon* zubereitet, und nicht mehr wie in der alten Wohnung alleine in der Küche werkeln muss. Natürlich haben wir einen Kamin, zwei Gästeklos, eins davon mit Dusche, oben mehrere Schlafzimmer, zwei davon mit einem Bad *ensuite*. Und Mama nennt einen begehbaren Kleiderschrank, in dem sie ihre Business-Anzüge ordentlich und ebenfalls farblich sortiert aufbewahrt, ihr Eigen.

Mein „Reich" besitzt ein überdimensionales Panoramafenster, von dem aus ich über die Felder bis hinüber auf die Reitanlage schauen kann, weil der Bungalow am Hang liegt. Alles ist hellgelb und in warmen Orangetönen gehalten, ein lichtdurchfluteter Raum mit einem Kingsize-Bett, einem gemütlichen Sofa und einem Designerteppich. Auf dem lässt es sich super herumlümmeln und Musik hören, ich weiß gar nicht, wie ich vorher ohne ihn sein konnte. Ich überlege, dort in Zukunft auch meine Hausaufgaben zu erledigen, aber das erzähle ich meinen Eltern lieber nicht. Denn sie sind ordentlich streng und verstehen bei allem, was mit Schule zu tun hat, überhaupt keinen Spaß – oder anders gesagt: Wenn ich keine *sehr guten* Noten nach Hause bringe, gibt es Ärger.

Das Beste an unserem neuen Zuhause ist jedoch unsere Mediathek im Ostflügel, die Papa ganz zeitgemäß mit Flatscreen, einem Full-HD-Beamer und Digital-Theater-Surroundsystem ausgestattet hat, ultragemütlichen Liegesofas inklusive, natürlich alles kabellos über Bluetooth gesteuert. In einer kleinen, unscheinbaren silbernen Kiste befinden sich an die tausend digitalisierte Filme; die DVD-Klassiker-Sammlung daneben macht sich richtig breit … Hier Lieblingsfilme zu gucken, ist besser als Kino! Außerdem darf ich sehen, was ich möchte, denn im Gegensatz zu den Gepflogenheiten in anderen Familien gibt es bei uns keine strikte Regelung was Fernseh- oder Computerzeiten betrifft, dafür sind meine Eltern in allen anderen Dingen unerbittlich. Im Medienzimmer habe ich freie Hand und kann tun und lassen, was ich möchte, ich darf sogar den großen Rechner benutzen, wenn ich etwas für die Schule recherchieren muss.

Eine nigelnagelneue Wii steht hier natürlich auch, *Just Dance,* Tennis, Lernspiele – alles, was man zum Sportmachen braucht begehrt. Zum Einzug hat mir meine Mutter Zumba-Fitness mit extra Hüft-Controller geschenkt und gemeint, damit könnte ich mit „ultra-fun" meine Kondition und Figur verbessern. Sie ist nämlich der Meinung, dass *mein Body* optimierungsbedürftig ist, und macht mir diesbezüglich Dauerstress. Das ist noch schlimmer, als wenn sie ständig nach meinen Schulnoten fragt …

Ich überlege gerade, ob ich eine weitere Session einlege, da höre ich Marianne von unten rufen. Ihre Stimme klingt genervt, aber das tut sie in letzter Zeit immer, seit Marianne hier zu uns immer eine halbe Stunde stadtauswärts fahren muss.

„Johanna, da ist Besuch für dich!"

Besuch? Für mich?

„Komme!", rufe ich und beeile mich, die unzähligen Holzstufen nach unten zu laufen. Ein schwieriges Unterfangen, an das ich mich erst noch gewöhnen muss, denn es handelt sich hier nicht um irgendeine Treppe, sondern um maßangefertigte Holzblöcke, die mit einer besonderen Technik an die Wand gedübelt wurden und einen an eine Art Hühnertreppe erinnern.

Das darf man nur nicht laut sagen, sonst ist der Architekt beleidigt …

Als ich unten im Eingangsbereich ankomme, steht da Alina aus meiner Parallelklasse, barfuß, in Shorts und mit wippendem Pferdeschwanz. Ich kenne sie aus den Pausen, außerdem waren wir mal während der Projektwoche in einer Gruppe und ab und zu reden wir miteinander, wenn wir uns nachmittags in der schulischen Mediathek treffen. Ich finde sie eigentlich ganz nett, wenn auch ein bisschen langweilig, weil sie ständig nur von Pferden erzählt.

„Hi, was machst *du* denn hier?", begrüße ich sie verwundert.

„Und was machst du hier?", fragt sie ebenso kess zurück.

Einen Moment lang gucken wir uns schweigend an.

„Ich bin deine neue Nachbarin – oder du meine, wie man's nimmt", sagt sie und hält mir grinsend die Hand hin. „Willkommen in Liederhausen, Ort der Lindenblüte, Landluft und Langeweile."

Verblüfft schlage ich ein. „Sag bloß … ich wusste gar nicht …"

„Wir wohnen hier schon seit über zwei Jahren, wenn du magst, zeige ich dir alles." Alina guckt mich mit ihren blauen Augen erwartungsvoll an. „Ich war in den Ferien bei meinen Großeltern, Mama hat mir vorhin erst gesagt, dass da ein Mädchen in meinem Alter eingezogen ist. Da war ich natürlich neugierig und musste schnell mal gucken kommen …"

„Gute Idee", mischt sich Marianne ein, die die ganze Zeit über schweigend danebengestanden hat. „Dann kann Alina dir schon mal zeigen, wo morgen der Schulbus abfährt, und deine Mutter muss dich nicht fahren." Sie nickt uns beiden aufmunternd zu, nach dem Motto *Und jetzt spielt mal schön.*

„Geile Bude!" Alina nickt anerkennend. „Wir haben uns bereits während der Bauphase gefragt, welche reichen Schnösel hier wohl einziehen. Uuups." Erschrocken hält sie sich die Hand vor den Mund.

Ich verziehe mein Gesicht. „Tja, wennschon, dennschon. Aber wenn es dich beruhigt. Sooo reich sind wir gar nicht, meine Eltern haben nur sehr lange gespart, um sich endlich ihr Traumhaus leisten zu können." In Wahrheit verdienen sie ordentlich Kohle, wie ich neulich zufällig herausgefunden habe – mein Vater ist Controller im mittleren Management, meine Mutter Regional-Managerin für Ostasien im Investmentbereich in einer Bank. Beide arbeiten leidenschaftlich gerne und lang und sind zu Hause so gut wie nie ohne ihre Unterlagen und Smartphones anzutreffen. Selbst beim Kistenauspacken stand Mamas Laptop mit den aktuellen Börsendaten auf dem Fensterbrett. Wir haben überall im Haus WLAN und natürlich sind Rollläden, Alarmanlage, Licht und Türen über das iPad gesteuert.

„Soll ich dir alles zeigen?", frage ich Alina, die erwartungsvoll neben mir steht, halb belustigt über ihre Neugier, halb genervt. Eigentlich wollte ich nicht hierherziehen, weil es mir in unserer alten Wohnung an nichts fehlte. Hier ist mir alles eine Spur zu groß und zu modern eingerichtet, aber mein Zimmer ist natürlich einsame Spitze.

Also mache ich eine Hausführung, fange unten bei Sauna und Whirlpool an und höre oben in der Mediathek auf. Alina bringt vor Staunen kaum ein Wort über die Lippen.

„Wow!" und „obergeil!" ist alles, was sie sagt. Mir ist das ein bisschen unangenehm, ich bin nicht der Typ Angebertussi, auch wenn

das vielleicht alle von mir denken, weil ich immer teure Marken-
klamotten trage und fast alles bekomme, was ich mir wünsche.
Aber in Wirklichkeit mache ich mir nicht sonderlich viel daraus.
Ob da Boss Orange oder Ralph Lauren draufsteht, ist mir herz-
lich egal, für mich ist es normal, so angezogen zu sein. Außerdem
bin ich nicht sonderlich schlank, weshalb ich, anders als Krizia
und Doreen aus meiner Klasse, mit denen ich befreundet bin,
nicht so viel Spaß an Mode habe. Die beiden legen großen Wert
auf ihr Styling und diskutieren stundenlang über mögliche und
unmögliche Outfits, während ich mit Jeans und Shirt zufrieden
bin – zum Leidwesen meiner Mutter, die meist coolere Klamotten für mich raussuchen würde, in die ich aber leider nicht rein-
passe. Einzig bei meinen Haaren, die lang, blond und in weichen
Locken mein Gesicht umrahmen, lege ich Wert auf regelmäßige
Pflege. Da kann ich stundenlang vor dem Spiegel stehen und sie
mit allen möglichen Kuren und Tinkturen beackern, bis sie wun-
derschön glänzen und gesund aussehen. Da meine Mutter die
Friseurtermine ausmacht, gehe ich natürlich nicht in irgendeine
Haarfabrik, sondern genieße Luxusshampoo einer Luxusmarke
in einem Luxussalon mit einem Luxushaarschnitt zu einem Lu-
xuspreis. In diesem Fall habe ich ausnahmsweise nichts dagegen,
wenn sie sich in meine Belange einmischt, ansonsten nervt mich
ihre ständige Gängelei tierisch. Vor allem wenn sie an meiner Figur herummeckert und mich nach meinen Zumba-Fortschritten
fragt. Ich stehe zu meiner starken Figur, die – *by the way* – so un-
ansehnlich nun auch wieder nicht ist. Nur neben meiner Mutter,
die die zierliche Kleidergröße sechsunddreißig trägt, wirkt jeder
normale Mensch stämmig und dick.
„Wenn du magst, können wir heute Nachmittag ein paar Fol-

gen von *Pretty Little Liars* zusammen gucken", schlage ich Alina vor, als ich ihre Begeisterung für das Liegesofa bemerke.

„Au ja, gerne." Sie schaut mich strahlend an und lässt sich aufs Sofa plumpsen. Doch dann verfinstert sich ihre Miene. „Geht leider nicht, ich habe Mama versprochen, auf Leo aufzupassen. Sie muss zum Zahnarzt und kann ihn nicht mitnehmen. Aber komm du doch mit zu mir, dann können wir zusammen was spielen. Das ist viel lustiger, als alleine zu sein."

Dieses „Das ist viel lustiger, als alleine zu sein" geht mir dann die nächsten Stunden über nicht aus dem Sinn. Gleich nach dem Mittagessen bin ich rüber zu Alina. Eigentlich hätte ich noch eine Lerneinheit Chinesisch pauken müssen, aber da Mama durch den Umzug so eingebunden ist, fällt ihr sowieso nicht auf, wenn ich nicht in meinem Zeitplan bin. Außerdem macht mir dieses Gequake überhaupt keinen Spaß, Sprachen gehören nun mal nicht zu meinen Stärken, da hilft mir auch dieser Online-Kurs nichts. Ich bin froh, dass ich es in Englisch und Französisch auf eine gute Zwei bringe, aber das ist meiner Mutter natürlich nicht gut genug. Sie selbst spricht Chinesisch nicht gerade fließend, aber es reicht, um in ihrer Bank die Abteilung für ostasiatische Geschäfte zu leiten. Deshalb findet sie auch, Sprachen seien das Tor zur Welt und heutzutage müsse man mindestens Englisch und Chinesisch sprechen, um sich auf dem internationalen Parkett behaupten zu können. Zu ihrem Leidwesen hat sie bisher noch niemanden gefunden, der ihrer Vorstellung als Lehrerin für mich entspricht, weshalb sie darauf besteht, dass ich mich jeden Tag einlogge und selbstständig lerne. Alle drei Wochen fragt sie mich Vokabeln ab und macht einen kleinen Test. Bisher war sie mit meinen Lernfortschritten nie zufrieden.

Das Haus von Alina nebenan ist ein zweistöckiges Satteldachhaus und ganz anders eingerichtet als unseres. Es ist mindestens so groß wie unseres, aber viel konventioneller aufgeteilt. Unten gibt es eine Küche, Wohn-Ess-Bereich, oben befinden sich vier Schlaf- bzw. Kinderzimmer. Im Keller gibt es einen Hobbyraum, in dem Alinas Mutter ihre Bastelsachen aufbewahrt. Sie näht, strickt und bastelt kleine feine Dinge, teilweise auf Bestellung, die sie dann in einem Internetshop präsentiert und verkauft. Weil ich so begeistert von einem niedlichen Patchwork-Kissen bin, bekomme ich es geschenkt.

„Als Willkommensgruß", lacht Frau Willmer. Mir fällt auf, dass sie kaum Fältchen hat, obwohl sie locker an die fünfzig sein muss. „Ich freue mich so, dass Alina jetzt eine Freundin in der Nachbarschaft hat."

Bevor sie geht, stellt sie in der Küche einen Schokokuchen und Apfelsaft bereit.

„Tamara kommt später, sag ihr bitte, sie soll ihre Bluse bügeln", verabschiedet sie sich. „Ach ja, und wenn Leo wieder nicht aufräumen will, du weißt ja …"

„Jaja, ich weiß", grinst Alina und winkt ihr nach. „Dann gibt es kein *Lego Star Wars* zum Geburtstag, gell?"

Leo zwinkert ihr verschmitzt zu. So klein ist er gar nicht mehr, ich schätze mal neun, also vier Jahre jünger als wir. Aber er besteht darauf, dass wir den gesamten Nachmittag mit ihm spielen. Weil ich keine Lust auf *Star Wars* habe, einigen wir uns darauf, immer abwechselnd mal mit den *Lego*-Fightern – und dann wieder eine Runde *UNO* zu spielen. Wie er später erzählt, ist sein bester Freund und Kumpel Jonas in den Ferien überraschend weggezogen, sodass ihn jetzt nicht nur der Abschiedsschmerz, sondern auch die große Langeweile plagt.

„Langeweile kenne ich auch, aber anders", tröste ich ihn, „ich habe nachmittags volles Programm, weil ich in der Ganztagsklasse bin, also spät nach Hause komme und dann noch ständig andere Termine habe ... und wenn ich die Freundinnen aus meiner Klasse treffen will, haben die nie Zeit, wenn ich mal Zeit habe. Außerdem erlauben es meine Eltern nicht, dass ich alleine mit dem Bus wohin fahre."

Es ist tatsächlich so, dass ich meistens für mich alleine bin. Früher hat sich Marianne mehr um mich gekümmert, aber seit dem Gymnasium habe ich eine Fulltime-Woche mit AG, Tennis, Klarinette und natürlich tausend Hausaufgaben. Da bleibt für Freundinnen wenig Zeit. Einzig mit Krizia und Doreen aus meiner Klasse verstehe ich mich ganz gut, sie sind wie ich in der Ganztagsklasse. Ab und zu treffen wir uns abwechselnd am Wochenende und übernachten auch mal beieinander, aber so richtig dicke enge ABFs sind sie nicht. Ich habe mich daran gewöhnt, für mich zu sein, und finde es normal, entweder zu lernen oder ein Buch zu lesen.

Deshalb wundern sich meine Eltern auch sehr, als ich zu spät zum Essen komme. Das sind sie von mir nicht gewohnt. Aber Alina und ich haben noch auf dem Riesentrampolin in Willmers Garten Saltos geübt und darüber glatt die Zeit vergessen, weil Alina so ulkige Verrenkungen gemacht hat, dass mir jetzt noch der Bauch vom vielen Lachen wehtut.

„'tschuldigung", murmele ich, als ich an meinen Platz schleiche. Wir haben jetzt einen zwei Meter fünfzig langen Holztisch und sitzen an der kurzen Seite über Eck. Marianne hat die Paprikasuppe bereits aufgetragen, das Sahnehäubchen in meinem Teller ist bereits verflossen.

„Wo bleibst du denn?", begrüßt mich mein Vater vorwurfsvoll. „Die Suppe wird kalt."

„Ich war bei Alina drüben, stell dir vor, sie geht in meine Parallelklasse …", sprudele ich hervor und fange an zu löffeln.

„Alina?", fragt meine Mutter und nimmt sich ein Stückchen Weißbrot. „Noch nie gehört. Aber wenn sie nebenan wohnt, hast du vielleicht bald eine neue Freundin …"

Ich will gerade von ihr erzählen und sagen, dass ich mir auch ein Trampolin für unseren Garten wünsche, da klingelt Papas Smartphone. Wie immer, wenn wir beim Essen sind. Und wie immer geht er natürlich dran, ruft mit wichtiger Miene ein paar Anweisungen hinein und legt es dann wieder zur Seite. Diese Szene passiert meistens so vier- bis fünfmal während des Essens. Ich bin froh, dass ich die anderen Mahlzeiten alleine einnehme, da stört dann wenigstens kein Handy. Morgens, wenn ich frühstücke, sind meine Eltern noch im Badezimmer, mittags sind sie in ihren Büros und ich esse in der Mensa (da nerven nur die Handys meiner Mitschüler). Dafür ist das Abendessen die heilige Familienstunde, wie mein Vater sie nennt, bei der niemand stören darf – außer seinen Teamkollegen. Aber wehe, eine meiner Klassenkameradinnen ruft an und erkundigt sich nach den Hausaufgaben. Dann gibt es lautstarken Ärger in der Hütte.

„Gut, dass du nicht die Schule wechseln musstest", sagt meine Mutter jetzt und nickt Marianne freundlich zu, die die Teller abräumt und den Hauptgang serviert. „So musst du dich nur an einen neuen Schulweg gewöhnen. Der Bus fährt alle halbe

Stunde … besser hättest du es nicht treffen können. Sag und diese Alina … was machen denn ihre Eltern so?", hakt sie neugierig nach.

„Von ihrem Vater weiß ich nichts und ihre Mutter hat ein Kreativstudio", erzähle ich, springe auf und hole rasch das Patchwork-Kissen, herein, was mir einen Stirnrunzler von Papa einbringt, der hingebungsvoll über sein Rindergeschnetzeltes gebeugt ist.

„Womit man so seine Zeit verbringen kann …" Mama betrachtet mit skeptischer Miene die Handarbeit. Dann stochert sie wieder in ihrem Teller herum, ihr Essen ist längst kalt. Natürlich ein Grund für sie, es stehen zu lassen, kein Wunder, dass sie so hager ist. Seit ich denken kann, findet Mama immer einen Grund, die Hauptspeise stehen zu lassen. „Geht Alinas Mutter denn nicht richtig arbeiten?", fragt sie.

„Ich glaube nicht, da sind ja auch noch Leo und Tamara", antworte ich.

„Als ob das ein Grund wäre! Wozu geht ihr denn auf eine Privatschule mit all den vielen wertvollen Nachmittagsangeboten?" Mama schüttelt den Kopf. „Demnach ist Alina nicht in deiner Gruppe?"

„Nein, sie ist ja nicht in der Ganztagsklasse, deshalb fährt sie nach Schulschluss immer nach Hause."

Meine Eltern hatten Wert darauf gelegt, mich in einer Ganztagsklasse unterzubringen mit der Option auf Extraförderung für Hochbegabte. Es ist ein privates Gymnasium, bei dem Elterninitiative gefragt ist. Entweder in Form von persönlichem Einsatz als Vorstand, Hausmeister oder Gruppenleiter – oder als finanzielle Stütze für Sportgeräte, neue Computer oder

Workshops. Dreimal darfst du raten, in welcher Form meine Eltern aktiv sind …

In der Ganztagsklasse sind ausnahmslos Mädchen aus besseren Häusern, wie meine Mutter sich ausdrückt, Krizia und Doreen gehören auch dazu. Sie besitzen in ihren Augen Anstand, Werte und Moral, sprechen ordentliches Hochdeutsch und verfügen über eine gute Allgemeinbildung, was für meine Eltern einen hohen Stellenwert besitzt.

„Hast du deinen Ferienplan für die Schule erledigt? Und hast du heute schon Klarinette geübt?“, wechselt Mama jetzt das Thema. „Wenn du auf Papas Weihnachtsfeier spielen willst, musst du noch ein bisschen was dafür tun.“ Sie schaut meinen Vater bedeutungsvoll an, nach dem Motto „Jetzt sag du doch auch mal was!“. Doch der wischt mit seinem Finger nur auf seinem iPhone herum und hat noch nicht einmal gehört, was sie gesagt hat.

„Ja klar“, lüge ich sie an, um sie zu beschwichtigen. In Wahrheit liegt meine Klarinette seit unserem Einzug unberührt im Kasten. Ich spiele eigentlich ganz gerne, am liebsten variiere ich Pophits wie *I believe I can fly* oder *My heart will go on* oder *Someone like you,* das darf nur meine strenge Lehrerin nicht mitbekommen, die der Meinung ist, damit verdürbe ich mir meinen Stil. Für den Unterricht spiele ich *Jenseits der Stille* zu der Klavier-Stimme auf der CD, das habe ich ihr abgetrotzt, weil mich der Film so berührt hat. Muss noch ein bisschen üben, vor allen den Problemkandidaten C3. Aber mit dem neuen Mundstück klappt es schon ganz gut … Papa hat sich allerdings ausgedacht, dass ich auf seiner Betriebsfeier ein paar weihnachtlich verjazzte Spezialarrangements zur Background-CD spielen soll – gruselig.

„Bis Dezember ist es ja noch eine Weile hin, da kann ich noch ganz viel üben", füge ich rasch hinzu, als ich ihren skeptischen Blick bemerke.

Mama seufzt und schält sich eine Orange zum Nachtisch, während ich genüsslich meine Zitronencreme löffele. „Du hast recht, jetzt sollten wir den Sommer erst noch ein bisschen genießen … schade, dass unsere Terrasse noch nicht so weit ist, sonst könnten wir draußen essen."

„Das können wir doch auch so! Morgen Abend machen wir ein Picknick auf dem Rasen, was haltet ihr davon?" Erwartungsvoll blicke ich von einem zum anderen.

„Ohne mich", meint Papa kopfschüttelnd, „ich kann auf dem Boden nicht essen."

„Ach komm schon, Spielverderber, bitte, nur das eine Mal! Das wird sozusagen unser ganz privates Einweihungsfest." Ich lächele ihn mit meinem umwerfenden Bittebettelblick an, von dem ich weiß, dass er ihm nicht widerstehen kann. Schließlich bin ich seine kleine Prinzessin, von der er, wenn er einmal Zeit für sie hat, nie genug haben kann. Leider hat Papa in den letzten Wochen sehr viel zu tun gehabt. Aber jetzt guckt er mich liebevoll an und ich weiß, ich habe gewonnen. Für einen kurzen Augenblick ist es so wie früher.

„Also gut, du hast recht! Nur wir drei, ganz gemütlich und romantisch auf der Picknickdecke. Marianne soll uns einen Korb machen … aber du versprichst dafür, eine Extra-Einheit Klarinette zu üben, damit du mich dann Weihnachten vor meinen Leuten nicht blamierst. Versprochen?" Er nickt mir zu.

Weil Papas Handy erneut den Eingang einer Nachricht vermeldet und ich Mamas bohrende Fragen nach der Schule nicht mehr ertrage, stehe ich auf und verschwinde auf meinem Zimmer. Dort stülpe ich mir meine Kopfhörer über und träume mich zu der wunderschönen Stimme von *Adele* an einen warmen Strand, an dem ich barfuß durch die Wellen laufe und vom Wind meine Haare durchpusten lasse, während ich lachend einem Jungen entgegenlaufe, der mich liebevoll auffängt und umherwirbelt. Es ist Marvin, der süßeste Junge aller Zeiten, mit blonden Locken und tiefblauen Augen … Marvin gibt es nicht in echt, er ist mein sprichwörtlicher Traumboy, an den ich so oft denke und zu dem ich mir Geschichten ausmale, wenn ich alleine bin und nicht einschlafen kann. Und ich kann oft nicht einschlafen …

Alles, was man wissen sollte, wenn man im Internet surft, liest du in Kapitel 11, S. 142.

2 It's Partytime

„Hey, Jenny, warte mal!"

Doreens Stimme reißt mich aus meinen Gedanken. Beinahe hätte ich nicht reagiert, sechs Wochen lang hat mich nämlich fast niemand mehr so genannt. Meine Mutter besteht darauf, mich Johanna zu nennen, ich bin ja schon froh, dass sie die Marie weglässt. Johanna Antonia Marie von Gunzenbach, wer heißt denn so?

„Was gibt's denn?" Heute ist der erste Schultag nach den großen Ferien und ich bin gerade quer über den Schulhof Richtung Mediathek unterwegs, um meine Benutzerdaten für das neue Schuljahr zu aktualisieren. Jeder Schüler hat einen eigenen Account sowie das Recht, mindestens eine Stunde am Tag kostenfrei über den Schulserver im Internet für die Hausaufgaben zu recherchieren. Natürlich bräuchte ich das nicht, weil ich ja zu Hause meinen eigenen Laptop habe und mir zudem der große Computer immer zur Verfügung steht. Aber da ich meine Nachmittage hier in der Schule verbringe und es immer mal etwas zu googeln gibt, nutze ich zwangsläufig das Angebot.

Doreen hat mich mittlerweile eingeholt.

„Hey, hast du meine Nachricht nicht gekriegt? Du hast gar nicht geantwortet, ob du zu meiner Party am übernächsten Wochenende kommst!", sagt sie.

„Klar, ich habe dir doch zurückgesimst, da muss was schiefgelaufen sein", antworte ich rasch in der Hoffnung, dass sie meine Lüge nicht bemerkt. In Wirklichkeit habe ich die Einladung verdrängt, weil so etwas immer Diskussionen mit meinen Eltern bedeutet. Vor allem wenn es um eine Poolparty bis Mitternacht geht. Wahrscheinlich gibt es wieder ein riesiges Theater, von wegen wer mich abholt: Mama kann nicht, weil ihr der Schlaf vor Mitternacht heilig ist, und Papa sicher auch nicht, weil er wichtige Unterlagen durchackern muss. Aber beide würden mir nie im Leben erlauben, dass ich bei Doreen übernachte, auch wenn ihre Eltern gut situierte Rechtsanwälte sind und meine Eltern sie aus dem Golfklub kennen.

„Dann ist ja gut. Freue mich!" Dann erzählt sie mir in ihrer überschwänglichen Art, wen sie sonst noch alles eingeladen hat, was es zu essen gibt und welche Deko sie sich ausgedacht hat. Dass ich gerade umgezogen bin, interessiert sie nicht die Bohne.

„Schau mal, wäre das nicht ein tolles Partyoutfit?", ruft Krizia und wedelt ihr mit einer Modezeitschrift entgegen. Kichernd studieren die beiden das Hochglanzmagazin, während ich wie immer blöd danebenstehe, weil mich die Miniröcke und engen Tops nicht interessieren. Die passen mir ja sowieso nicht.

Seufzend drehe ich mich weg, vielleicht kriege ich meinen Vater ja rum. Wenn ich ihm erzähle, dass ich mich freiwillig in Englisch für eine Hausarbeit über den Commonwealth gemeldet habe, hat er garantiert nichts dagegen. Unser neuer Lehrplan hat es nämlich in sich und die Referate und Hausarbeiten wurden wie immer in den Ferien per E-Mail vergeben.

Frau Bollmann begrüßt mich mit einem freundlichen Hallo, als ich die Mediathek betrete. Ich mag diesen Raum besonders gern, alles riecht hier neu und sauber, außerdem ist es hier immer ruhig, weil der blau karierte Teppichboden die Schritte verschluckt.

„Hallo, Johanna, du willst bestimmt dein Konto fürs neue Schuljahr verlängern, stimmt's?" Sie hält mir unaufgefordert ein Formular hin, auf dem ich ankreuzen und unterschreiben muss. Ich sehe, dass meine Eltern bereits online ihre Einverständniserklärung abgegeben haben. „Tisch neun ist heute Nachmittag für dich reserviert, wie immer."

„Prima, danke!", antworte ich und strahle sie an. „Ich muss nämlich für eine Buchbesprechung in Deutsch etwas über den Autor herausfinden …"

Doch aus meiner Recherche wird nichts, weil mich Krizia und Doreen dazu überreden, mit ihnen gemeinsam in der Sonne auf der Bank zu chillen.

„Kannst du morgen immer noch machen, wenn es regnet", winkt Krizia lässig ab, als ich meine Bedenken äußere. Es ist das erste Mal, dass ich mich habe bequatschen lassen, aber nach sechs Wochen ohne meine Freundinnen hatte ich nicht schon wieder Lust, meinen Nachmittag alleine zu verbringen.

„So erhältst du dir wenigstens deine Bräune", ulkt Doreen. Sie hat ihr Shirt hochgekrempelt. „Dann kannst du am übernächsten Samstag als Partyqueen glänzen."

„Blöde Kuh", sage ich und strecke ihr die Zunge raus. In Wahrheit sind nämlich die beiden knackig braun, weil sie zwei Wochen auf den Bahamas in einem angesagten Klubhotel waren.

Ich dagegen glänze mit einem Käsebauch, denn wir sind dieses Jahr leider nicht weggefahren wegen des Umzugs, Mama kann nicht länger als allerhöchstens zwei Wochen Urlaub nehmen. Dafür soll es in den Herbstferien nach Jordanien in ein Luxus-Resort gehen, hat mich Mama getröstet.

„Hoffentlich kommt Nicolas zu der Party", seufzt Krizia und rekelt sich in der Sonne.

„Wenn Tim kommt, ist Nicolas auch dabei", kichert Doreen und ich denke, aha, da habe ich etwas nicht mitbekommen.

Ich wage nicht nachzufragen. Denn ich träume zwar von meinem Smartboy Marvin in den rosarotesten Farben, aber so richtig verliebt war ich noch nie. Außerdem habe ich, im Gegensatz zu den anderen Mädchen aus meiner Klasse, noch nicht einmal meine Tage, was mir total unangenehm ist, weil ich nicht mitreden kann, wenn sie sich über Tampons und Zyklus unterhalten. Dass ich bereits einen BH tragen muss und unter meiner gut entwickelten Oberweite leide, weil mir die Jungs deswegen blöde Sprüche hinterherrufen, ist eine andere Sache.

„Was wünschst du dir denn zum Geburtstag?", frage ich, um das Thema zu wechseln.

„Eine Apple Watch!", kommt es wie aus der Pistole geschossen von Doreen. „Das wäre richtig cool!"

„Blöde Kuh", sage ich wieder, „doch nicht so was – ich wollte wissen, was *ich* dir schenken kann."

Einen Moment lang funkelt mich Doreen abschätzend an. „Sind ja auch Peanuts, wo du doch immer mit den neusten Laptops und iPads ausgestattet bist."

„Wenn du wüsstest, wie egal mir das ist ... und für die Apple Watch interessiere ich mich überhaupt nicht", rufe ich empört

zurück. Als ob ich etwas dafürkönnte, dass mein Vater so me-
dienverrückt ist und wir, computertechnisch gesehen, immer
auf dem allerneusten Stand sind. Natürlich hat er längst so eine
Uhr … Er hat mir sein erstes MacBook Pro vererbt, als er sich
ein neueres, schnelleres Modell gekauft hat. Natürlich sind alle,
die davon wissen, furchtbar neidisch auf mich, obwohl sie einen
eigenen Computer besitzen und aus Familien stammen, denen
es nicht am nötigen Kleingeld fehlt.

Außerdem benutze ich meinen Laptop eher selten, weil ich ihn
dazu immer erst aus dem Schrank holen und hochfahren lassen
muss. Wenn ich mal etwas außerhalb der Schulzeit im Internet
heraussuchen soll, nehme ich entweder mein iPad oder gehe an
den großen Rechner im Medienzimmer. Meine Eltern haben kein
Problem damit, erstens, weil sie selbst ständig online und Computer für sie notwendige Arbeitsgeräte sind. Und zweitens, weil
sie mir vertrauen, dass ich keinen Mist baue. Sie wissen, dass sie
sich auf mich verlassen können. Weil auch Firmendaten über unser Netz laufen, hat mein Vater alle möglichen Schutzprogramme
installiert, von Internet Security bis Firewall, ich glaube, sicherer
kann man es gar nicht machen. Und natürlich haben sie mir am
Anfang erklärt, wie ich mich sicher im Netz bewege und welche
Daten ich von mir partout nicht preisgeben darf. So gesehen surfe
ich wirklich safe, wenn ich im Netz unterwegs bin. Aber es gibt
bei uns keine gesperrten Seiten oder Zugangsbeschränkungen,
wie ich das von meinen Freundinnen gehört habe. Bei uns gibt
es auch keinen „Computerbenutzungsplan" wie bei Krizia, die
sich aus medienpädagogischen Gründen den Rechner mit ihren
beiden Brüdern teilen muss. Im Grunde kann ich, zumindest was
das Internet betrifft, tun und lassen, was ich will.

„Jetzt tu nicht so!", mischt sich Doreen ein. „Wer hat denn neulich erst mit seinem iPad Air und den tausend Apps angegeben, hä?"

„Ich gebe überhaupt nicht damit an", versuche ich, mich zu verteidigen. „Das macht halt total viel Spaß, *Minecraft* zu spielen – und ich habe ihn Krizia sogar übers Wochenende ausgeliehen, schon vergessen?"

„Schon okay." Krizias Stimme klingt plötzlich besänftigt. „Das war damals sehr edel von dir, wo ich doch meinen auf Nimmerwiedersehen verloren hatte und mein Vater es nicht merken sollte …" Versöhnlich knufft sie mich in die Seite. Dann flüstert sie mir ins Ohr, dass sich Doreen eine coole Sommertasche wünscht und ob wir nicht zusammenlegen wollen, damit wir sie ihr gemeinsam schenken können. Erleichtert stimme ich zu – wir verabreden uns, übermorgen nach Schulschluss die Tasche gemeinsam auszusuchen.

Die restliche Freistunde dösen wir in der Sonne vor uns hin, Doreen träumt von ihrer bevorstehenden Party, Krizia überlegt, von welchem Geld sie sich ein neues iPad kaufen kann, und ich träume mal wieder von Marvin.

Abends fällt mir dann kurz vorm Schlafengehen ein, dass ich ja meine Hausaufgaben in Deutsch noch nicht erledigt habe. Weil es schon spät ist, wage ich mich nicht an den großen Computer, sondern hole meinen Laptop aus dem Schrank, setze mich gemütlich auf mein Sofa und starte das Programm. Rasch habe ich die gesuchten Informationen über die Autorin Celia Rees gefunden, schreibe sie ordentlich in mein Deutschheft und spiele zur Entspannung noch eine Runde *Minecraft*. Ich habe so viel Spaß, dass ich erst aufhöre zu spielen, als sich mein Rechner von alleine ausschaltet, weil der Akku leer ist, da ist es schon weit nach Mitternacht.

Am nächsten Morgen bin ich supermüde und erreiche in allerletzter Sekunde den Bus. Zum Glück hat Alina in der Lichtschranke auf mich gewartet, sonst müsste ich jetzt eine halbe Stunde auf den nächsten Bus warten.

„Verschlafen?", fragt sie grinsend und bedeutet mir diskret, den Zahnpastarest aus dem rechten Mundwinkel zu wischen.

„Mmmhh", antworte ich, dankbar für den Hinweis. „Hatte noch so ein spannendes Buch am Wickel ..." Ich erzähle ihr die gleiche Version wie meiner Mutter, die mich vorhin kaum aus dem Bett bekommen hat. Zum Glück lag der dicke *Twighlight*-Wälzer auf meinem Laptop, sonst hätte sie mir wohl kaum geglaubt.

„Willst du heute nach der Schule gleich mit zu mir kommen?", fragt mich Alina. „Du kannst ja auch bei uns zu Mittag essen, Mama freut sich, wenn du mitkommst, hat sie gesagt."

„Mmmmh, weiß nicht", antworte ich und gähne.

„Oh Mann, hast du vielleicht etwas anderes auf der Pfanne?" Alina stupst mich in die Seite. „Dann wach erst mal auf und sag mir nachher in der Pause Bescheid, okay?" Sie grinst mich breit an.

Zwei Stunden später bin ich wieder voll da, habe mit den Matheaufgaben vom Ferienplan geglänzt, in Deutsch die Autoreninformationen vorgelesen und auf beides eine glatte Eins kassiert. Letzteres hat mir einen fiesen Kommentar von Nicolas und Tim eingebracht, die mich für eine eingebildete Strebertussi halten und es auch sonst gerne drauf anlegen, mir das Leben schwer zu machen.

„Busenwunder, Wirtschaftswunder", grölen sie mir hinterher, als ich an ihnen vorbei Richtung Pausenhof laufe. Dabei ist Nicolas selbst nicht gerade dünn …

Ich spüre, wie ich rot werde. In meiner Schläfrigkeit heute Morgen habe ich nämlich vergessen, einen BH anzuziehen, was die beiden natürlich sofort bemerkt haben. Wenn ich daran denke, dass ich ihre fiesen Kommentare und Blicke heute noch den ganzen Tag aushalten muss, wird mir ganz anders.

„Kommst du nun mit oder nicht?", reißt mich Alina aus meinen Gedanken. Sie muss unbemerkt neben mich getreten sein.

„Wohin?", frage ich.

„Zu mir, nach der Schule! Bist du etwa immer noch nicht wach?" Sie rempelt mich amüsiert an und beißt in ihr dick belegtes Pausenbrot. „Ich würde dann meiner Mum kurz noch Bescheid sagen, damit sie genug kocht …" Sie zwinkert und wedelt mit ihrem Handy herum.

„Zu dir? Nach der Schule?" Das wäre die Gelegenheit, Nicolas und Tim aus dem Weg zu gehen, die ich beide später noch in English Conversation treffen würde.

Andererseits: Wie erkläre ich das Herrn Banek?

„Ich bin doch in der Ganztagsklasse", antworte ich, „das geht auf keinen Fall, leider." Ich stelle mir gerade vor, was Mama und Papa sagen würden, wenn ich den Wunsch äußerte, heute ausnahmsweise mal etwas früher die Schule zu verlassen. Sie würden im Dreieck springen. Meine Schulbildung ist ihnen nun mal sehr wichtig und außerdem darf ich sie nur im äußersten Notfall anrufen.

Weil dann aber Nicolas und Tim mit ihren fiesen Sprüchen nicht aufhören (ich wiederhole sie hier lieber nicht) und außerdem die Doppelstunde Musik ausfällt, die wir vor English Conversation gehabt hätten, gehe ich nach der sechsten Stunde zu Herrn Banek, schwindele ihm etwas von wegen Bauchweh und grässlicher Übelkeit vor – und steige dann bester Dinge mit Alina in den Bus Richtung Liederhausen.

„Wie schön, dass du mitgekommen bist!", begrüßt mich Frau Willmer, als wir eine knappe Stunde später bei Alina zu Hause sind. „Ich habe sicherheitshalber deinen Eltern einen Zettel in den Briefkasten gelegt, damit sie Bescheid wissen, wo du bist."

„Ach, das wäre nicht nötig gewesen", winke ich ab, „bis sie heute Abend kommen, bin ich längst zu Hause."

„Na dann ..." Sie schaut mich nachdenklich an, als wolle sie noch etwas hinzufügen, sagt dann aber nichts.

Wir sitzen in der gemütlichen Küche um einen runden Tisch herum und lassen uns die selbst gemachte Lasagne schmecken. Nur Tamara stochert schlecht gelaunt zwischen den Teigplatten herum.

„Von dem vielen Käse bekomme ich Pickel", mault sie, nimmt sich dann aber noch eine zweite Portion, was ich gut verstehen kann. Marianne kocht zwar oberlecker, aber bei uns gibt es meistens feinere Gerichte als diese wunderbar fettige italienische Lasagne.

„Wie ist denn deine neue Mathelehrerin?", erkundigt sich Frau Willmer bei Alina.

„Frag nicht ...", winkt diese ab. „Die Stormfelder ist voll blöd, die hat gleich einen Check-up zur Begrüßung gestartet."

„Die hatte ich auch mal", erzählt Tamara, „wenn du bei der eine gute Note haben willst, musst du ein ordentliches Heft führen!" Sie wickelt umständlich die Käsefäden um ihre Gabel.

Eine Weile unterhalten wir uns dann über Lehrer und ihre Macken, ich stelle fest, dass ich mit meinen ganz glimpflich davongekommen bin und mich auch notentechnisch nicht beklagen kann. Ich bin es nun mal gewöhnt, konzentriert und regelmäßig zu lernen, da können sich überhaupt keine Lücken einschleichen. Und wenn es mal „Missverständnisse" wegen der Noten gibt, ist mein Vater immer gleich in der Sprechstunde.

„Uff, bin ich satt!" Vor lauter Geplauder habe ich gar nicht bemerkt, wie viel ich gegessen habe. In der Mensa gibt es zum Mittag immer nur einen abgezählten Teller voll Irgendwas, zu Hause macht das Essen keinen Spaß, weil ständig Papas Handy nervt und Mama doofe Fragen stellt. Anders als Frau Willmer interessiert sie sich ja nur für meine Noten und nicht, ob ich Lehrer gut finde, welche konkreten Schwierigkeiten ich mit wem habe oder was es für Neuigkeiten aus der Klasse gibt.

„Freut mich, dass es dir geschmeckt hat", sagt Frau Willmer, „wenn du magst, kannst du öfter bei uns essen." Sie nickt mir freundlich zu, während Tamara und Alina wie selbstverständlich aufstehen und anfangen, den Tisch abzuräumen. Leo ist unterdessen in die Küche gegangen und holt eine große Schüssel Schokoladenpudding.

Erstaunt beobachte ich die Prozedur. Bei uns wäre das undenkbar, da erledigt das alles Marianne alleine, meine Mutter stellt höchstens mal die Teller zusammen. Ich kann mich nicht erinnern, jemals beim Abräumen oder Auftragen geholfen zu haben. In der Küche haben Kinder nichts zu suchen, das ist mir spätestens klar geworden, als ich Marianne einmal beim Kuchenbacken helfen wollte. Das hat sie so gestört und aus der Fassung gebracht, dass ihr die Erdbeerrolle misslungen ist und ich mir tagelang noch anhören musste, dass ich schuld daran war, weil ich alle Zutaten auf einmal in die Schüssel getan habe. Ich kann also überhaupt nicht mitreden, wenn Mädchen aus meiner Klasse vom Plätzchenbacken erzählen oder wie sie gemeinsam Pizza gemacht haben.

Nach dem Schokopudding verziehen Alina und ich uns in den Garten, um dort im Schatten des großen Kirschbaums vor uns hin zu dösen. Alina erzählt von zwei Tussen aus ihrer Klasse, die jeden Tag voll geschminkt in die Schule kommen und die anderen mit ihren Gesprächen über Make-up und Mascara nerven.

„Schminkst du dich? Also ich würde das nur machen, wenn ich auf eine Party eingeladen wäre", plaudert Alina los und rekelt sich wohlig auf der Wolldecke. „Aber so? Ich habe einmal heimlich Tamaras Eyliner ausprobiert, das sah total beknackt aus." Sie kichert. „Willst du auch mal? Tamara merkt bestimmt nichts …"

Ich bekomme einen Schreck. Muss ich mich für Doreens Party etwa auch schminken? Darüber habe ich ja noch gar nicht nachgedacht! Bisher habe ich einen großen Bogen um Make-up gemacht …

„Gerne!", antworte ich und strahle sie an. Schließlich ist das die Gelegenheit. Kurz darauf sitze ich vor dem Spiegel im Badezimmer, lasse mir von ihr die Haare toupieren und hochstecken und einen perfekten Lidstrich ziehen.

„Noch ein bisschen Puderrouge …" Sie tupft mit einer Quaste auf meinen Wangenknochen herum. „Voilá, *Adele!*"

Ich lächele mein Spiegelbild an und ich fühle mich für ein paar Sekunden superschön. „Danke, das sieht toll aus!" Mir bleibt keine Zeit, mich weiter ausführlich zu bewundern, denn Leon trommelt wild an der Badezimmertür.

„Aufmachen, ich muss mal!", kreischt er.

„Nimm das andere Klo!", schreit Alina zurück, während sie mir hektisch bedeutet, mir das Gesicht zu waschen.

Schade, all die Mühe umsonst. Als ich nach fünf Minuten den Raum verlasse, sehe ich wieder aus wie immer.

Den restlichen Nachmittag verbringen wir dann noch mit Musikhören, Trampolinhüpfen und Eisessen. Alina erzählt von den Pferden auf dem Reiterhof, wo sie zweimal pro Woche Unterricht hat und auch ansonsten viel Zeit verbringt. Außerdem kümmert sie sich regelmäßig um die Ponys im *Change,* der angesagten Jugendvilla. Sie erzählt mir kichernd, wie süß und verrückt die Ponys dort sind – im Gegensatz zu den edlen Rassepferden auf dem Reiterhof. Alina sprudelt ohne Punkt und Komma – und dass ich mal unbedingt ins *Change* mitkommen soll. Ich schaffe es nicht, ihren Redeschwall zu unterbrechen und anzumerken, dass meine Eltern das NIE IM LEBEN erlauben würden. Erstens, weil sie es für mich nicht standesgemäß halten. Und zweitens, weil das *Change* von der Familie meiner Cousine Klara geleitet wird, mit der meine Eltern verkracht ist. Aber egal. Die Zeit verfliegt wie im Nu und ich schaue überrascht auf die Uhr, als ich gegen halb sechs Mariannes Smart vorfahren höre. Ein Zeichen, dass es bei uns bald Abendessen gibt und meine Eltern nach Hause kommen. Da fällt mir unser versprochenes Picknick ein! Höchste Eisenbahn also für mich, bei Willmers Adiós zu sagen und so zu tun, als käme ich gerade erst aus der Schule.

Schnell verabschiede ich mich bei Frau Willmer, verabrede mich mit Alina für morgen Nachmittag, wenn ich ausnahmsweise mal früher aus der Ganztagsklasse komme, und witsche rüber in unseren Garten. Ich will gerade gegenüber Marianne so tun, als hätte ich meinen Schlüssel vergessen, da fällt mir ein, dass ich ja noch den Zettel aus dem Briefkasten fischen muss, damit meine Eltern nicht mitbekommen, wo ich heute in Wirklichkeit war. Also schleiche ich heimlich vor, angele mit meinen Fingern durch den Schlitz und werde glücklicherweise sofort fündig. Uff, geschafft!

Erleichtert marschiere ich wieder in den Garten, wo Marianne mittlerweile dabei ist, die Picknickdecke auszubreiten.

„Da bist du ja!", begrüßt sie mich. „Hast du den Bus verpasst?"

„Ja", beeile ich mich zu sagen, dankbar für die geniale Ausredenvorlage, „irgendwie habe ich den Fahrplan noch nicht richtig drauf."

Damit sie nicht merkt, dass ich einen roten Kopf vom Lügen habe, gehe ich fix an ihr vorbei, hoch in mein Zimmer, wo ich mich sofort an meinen Schreibtisch klemme, um die Inhaltsangabe über unsere Klassenlektüre *Klassenspiel* fertig zu schreiben. Doch sosehr ich mich auch zu konzentrieren versuche, es gelingt mir nicht, etwas Geniales aufzuschreiben. Ich beschließe, zur Entspannung noch ein wenig mein Lieblingsspiel im Internet zu daddeln, und starte meinen Laptop. Irgendwie muss die Suchfunktion über Celia Rees noch aktiviert gewesen sein, zumindest prangt plötzlich eine Liste mit möglichen Buchbesprechungen, Referaten, Lehrerinformationen und Hausarbeiten auf dem Bildschirm vor mir. Wahllos klicke ich auf die Links. Und plötzlich habe ich die Idee, wie ich es doch noch schaffe, meinen Aufsatz bis morgen hinzukriegen. Fieberhaft mache ich mich an die Arbeit, öffne ein neues Word-Dokument und habe binnen zehn Minuten dank *copy and paste* nicht nur eine zehn Seiten lange Eins-a-Inhaltsangabe, sondern auch noch eine komplette Charakterisierung der Hauptfiguren.

Pünktlich zum Abendessen bin ich fertig. Erleichtert klappe ich meinen Rechner zu und lasse ihn im Schrank verschwinden.

Lies alles über das Kopieren fremder Texte aus dem Internet in Kapitel 12 und 13, S. 150.

3 Ausgespielt

Als ich fröhlich vor mich hin singend ins Wohnzimmer komme, herrscht eisige Stimmung. Mama blickt mich mit verkniffenem Mund an, mein Vater guckt ernst. Sie sitzen am gedeckten Tisch und ich ahne sofort: Das Picknick ist gegessen! Haben die sich etwa gestritten? Das ist ungewöhnlich, die beiden pflegen einen harmonischen Umgang miteinander und gelten in unserem Freundes- und Bekanntenkreis als mustergültiges Vorzeigeehepaar: tolle Jobs, gleichberechtigte Ehe, wohlgeratene Tochter und genügend Zeit füreinander.

„Hallo, guten Abend", sage ich vorsichtig, doch anstatt der üblichen Begrüßungsküsschen gibt es eine fette Ansage von Mama.

„Du hast heute also den Nachmittagsunterricht geschwänzt", stellt sie in einem Ton fest, der keine Widerrede duldet. „Du hast weder Klarinette noch Chinesisch geübt. Stattdessen hast du deinen Nachmittag faul bei diesen Leuten gegenüber verbracht." Sie redet sich richtig in Rage. Papa legt ihr begütigend die Hand auf den Arm.

„Das sind nicht irgendwelche Leute", versuche ich, mich zu verteidigen, „das ist meine neue Freundin. Du hast doch selbst gesagt, wie sehr du dich für mich freust, dass ich jetzt Kontakt in der Nachbarschaft habe."

„Aber du kannst nicht einfach hinter unserm Rücken tun und lassen, was du möchtest", mischt sich jetzt mein Vater ein. „So geht das nicht, Johanna! Du hast uns wenigstens um Erlaubnis zu fragen, wenn du irgendwo zum Mittagessen hingehen willst."

„Aber sie sind doch unsere Nachbarn", versuche ich es erneut. Verwundert frage ich mich, wie sie das herausgefunden haben, wo ich doch noch rechtzeitig den Zettel aus dem Briefkasten gefischt habe. Hat Marianne gepetzt? Doch diesen Gedanken verwerfe ich sofort. Marianne ist zwar nicht die herzensgute Perle, wie man sie aus dem Fernsehen kennt. Sie spricht meist nur das Nötigste und erledigt gewissenhaft ihre Pflichten in unserem Haus – aufmerksam, leise, diskret. Deswegen hängen meine Eltern auch so an ihr, besonders Mama. Aber sie würde mich nie im Leben anschwärzen oder sich in unsere privaten Dinge einmischen. Woher weiß Mama also dann Bescheid? Die Antwort erübrigt sich, als sie fortfährt: „Sicher sind es unsere Nachbarn, aber wir kennen die Leute ja kaum. Und diese Frau Willmer ist wie eine Spinne, die in ihrem Netz lauert! Seit wir hier eingezogen sind, ist sie jedes Mal *rein zufällig* ebenfalls draußen, wenn ich aus der Tür gehe oder nach Hause komme, weil sie gerade dringend Löwenzahn entfernen oder an die Mülltonne muss. Dann fängt sie unter irgendeinem Vorwand ein Gespräch an – Wetter, Arztbesuch, Postboten – und belagert mich mit banalen Dingen, die mich nun wirklich nicht interessieren. Es ist schließlich ihre Entscheidung gewesen, drei Kinder großzuziehen und nicht arbeiten zu gehen, wie es jede normale Frau heutzutage tut. Da muss sie mit ihrem langweiligen Leben schon selbst klarkommen."

Genervt pikst sie sich ein Melonenstück auf die Gabel, den rohen Schinken schiebt sie achtlos beiseite. „Und vorhin hat sie mir natürlich auch aufgelauert und gleich brühwarm von eurem gemütlichen Nachmittag berichtet."

„Versteh doch, Johanna", mischt sich jetzt mein Vater ein, nachdem er sein Smartphone auf stumm geschaltet hat (eine Aktion, die sowieso nichts nutzt, weil er selbst auf das kleinste Brummen reagiert), „wir haben nichts gegen deine Freundinnen. Aber wir können nicht dulden, dass du uns hintergehst und zudem noch deine schulischen Pflichten vernachlässigst."

Betreten senke ich den Kopf. Aus Erfahrung weiß ich, dass es jetzt überhaupt keinen Sinn macht, weiter zu argumentieren. Meine Eltern sind einfach scheußlich streng und überreagieren total. Jeder Regelverstoß ist gleich eine riesige Angelegenheit. Egal, ob ich unpünktlich zum Essen erscheine, ob ich spaßeshalber Henna-Tattoos auf meinen Händen habe oder mir aus Versehen Mamas Parfum runtergefallen ist, sie machen aus jedem Guppy einen Walfisch. Wenn ich mich dann zu verteidigen versuche, wird alles meist nur noch schlimmer und endet in wilden Strafandrohungen von wegen Taschengeldsperre oder Fernsehverbot oder Feriencamp statt Malediven.

Trotzdem starte ich heute einen Versuch zu meiner Verteidigung, denn der Nachmittag bei Alina war so lustig und schön, dass ich das meiner neuen Freundin einfach schuldig bin.

„Das war halt spontan", sage ich zaghaft, „Alina hat mich eingeladen und dann fiel Musik aus, ich hatte zwei Freistunden und English Conversation ist sowieso total langweilig. Und ich konnte euch ja nicht erreichen ..."

„Du weißt, wir sind *immer* für dich erreichbar", fällt mir meine Mutter ins Wort. Sie schaut mich kopfschüttelnd an. „Eine Nachricht hätte auch genügt, dann hätten wir wenigstens Bescheid gewusst, aber so? Da muss ich mir zwischen Tür und Angel anhören, was für eine hübsche, wohlerzogene Tochter ich habe und welch guten Einfluss sie auf ihre Alina hat." Sie verzieht das Gesicht. „Es ist wohl eher andersherum, welch schlechten Einfluss ihre Tochter auf dich hat. Oder willst du mir etwa erzählen, ihr hättet Hausaufgaben gemacht?"

Ertappt zucke ich zusammen, mein Gesicht spricht offensichtlich Bände.

„Ich habe für morgen nur Deutsch auf und das ist erledigt", beeile ich mich zu sagen, aber zu spät, der Zug ist abgefahren, meine Eltern sind sich längst einig.

„Da gehst du nicht mehr hin", sagt meine Mutter jetzt, „nicht ohne unsere ausdrückliche Erlaubnis! Und nicht, solange du keine Eins in Englisch vorzuweisen hast."

Bummm!, da war sie wieder, die Keule, die alles niederschlägt. Für meine Mutter zählen nur sehr gute Noten, alles, was nur gut oder befriedigend ist, hat keinen Wert. Und mit Englisch kriegt sie mich immer. Mir schießen Tränen in die Augen.

„Aber ich hatte eine Zwei plus im Zeugnis, sogar in Französisch habe ich mich verbessert ... und in den anderen Fächern stehe ich ja glatt eins", versuche ich, mich mühsam zu verteidigen, und gucke hilflos zu meinem Vater, doch der ist mal wieder in sein Smartphone vertieft. „Bitte, Mama, ich gebe mir solche

Mühe, Englisch ist nun mal …" – „verdammt schwer", wollte ich eigentlich noch hinzufügen und dass dieser Conversation-Kurs die reinste Zeitverschwendung ist, aber meine Mutter unterbricht mich.

„Mühe allein reicht nicht", wirft sie mir vor, „du musst alles geben! Wozu schicken wir dich denn auf diese teure Schule? Ihr habt hervorragende Lehrer, allerbestes Lernmaterial, da erwarte ich von dir auch mehr Einsatz! Und nicht, dass sich das Fräulein am Nachmittag auf der Wiese in der Sonne vergnügt. Kann ich ja schließlich auch nicht, einfach so ein Meeting schwänzen, weil ich mit meiner Kollegin Kaffee trinken will!"

„Aber … das war doch nur das eine Mal!" Das ist superungerecht, schreit alles in mir, ich habe ja gar nicht vor, zu schwänzen oder die Schule zu vernachlässigen. „Und Englisch … ich lerne doch schon wie verrückt, selbst in den Ferien. Der Banek in Englisch ist nun mal der strengste Lehrer, den wir haben", füge ich leise hinzu.

Meine Mutter kennt kein Erbarmen. „Dann musst du eben noch mehr lernen!"

Damit ist das Thema für sie erledigt und sie wendet sich ihrem Filetsteak zu, das natürlich mittlerweile kalt geworden ist. Bedrückt kaue ich auf meinem Blumenkohl herum. Ich wage gar nicht, ihr von Doreens Einladung zu erzählen. Vielleicht erlaubt sie es ja, wenn ich morgen auf meine Hausarbeit in Deutsch eine sehr gute Note bekomme und ihr erzähle, dass ich mich in Englisch für ein Referat gemeldet habe.

Am nächsten Morgen an der Bushaltestelle bin ich es, die Alina die Tür aufhält, weil sie in einem Affengalopp angerannt kommt.

„Ich habe meine Turnschuhe nicht gefunden", japst sie atemlos, nachdem wir uns einen Sitzplatz gesucht haben, „Leo, der Idiot, hatte sie aus Versehen in seinen Beutel gesteckt. Sei froh, dass du ein Einzelkind bist!"

Statt einer Antwort lächele ich sie nur gedankenverloren an. Wie oft habe ich mir schon vorgestellt, eben kein Einzelkind zu sein, sondern einen großen Bruder zu haben, der mit mir Vokabeln lernt oder der mich in Schutz nimmt, wenn meine Eltern mal wieder an mir herummeckern. Gestern Abend hätte ich ihn gebraucht! Da habe ich mich so allein und missverstanden gefühlt. Nachdem sich Mama nach der Diskussion einigermaßen wieder beruhigt hatte, kam sie noch mal extra in mein Zimmer, um sich für ihren „Ausbruch", wie sie es nannte, zu entschuldigen. Aber sie sei nun mal der Meinung, dass ich mein Talent nicht vergeuden solle und ich viel zu intelligent sei, um meine Nachmittage mit Nichtstun zu verbringen. Sie hat sich dann neben mich aufs Sofa gesetzt, wo ich gerade dabei war, noch einmal meinen Deutschaufsatz durchzugehen, damit er sich auch ein bisschen nach mir und nicht nur abgeschrieben anhört.

„Wozu haben wir dich denn von Anfang an gefördert, damit aus dir eines Tages etwas wird?", hat sie gefragt und mir aufgezählt, welche Kurse sie alle mit mir besucht haben: Mozart für Babys, PeKip, Schwimmkurs sowie natürlich Early English und Ballett. Irgendwann hatten sie eingesehen, dass weniger mehr ist und meine Freizeitaktivitäten auf Tennisspielen und Klarinette reduziert. Was neben der Ganztagsschule auch keine Kleinigkeit ist, schließlich muss ich jeden Tag mindestens dreißig Minuten Klarinette üben, meine Lehrerin hört sofort, wenn ich an meinem Ansatz nicht gearbeitet habe. Dann gibt es eine Ansage und beim dritten Mal einen Anruf bei uns zu Hause ...

„Ich weiß, Mama", habe ich geantwortet und mich an sie geschmiegt, „ich strenge mich ja auch an und will euch nicht enttäuschen. Aber bei Alina drüben, da ist alles so ... so locker. Da haben wir überhaupt nicht an Hausaufgaben gedacht!"

Mama hat mich seufzend an sich gedrückt. „Das ist es ja gerade, bei denen weht ein ganz anderer Wind. Deswegen ist mir das ja ein Dorn im Auge, wenn du deine Nachmittage dort regelrecht verbummelst", kam von ihr. „Wir vergessen das jetzt einfach und du gehst ab sofort wieder regelmäßig in deinen Nachmittagsunterricht. Und was Alina betrifft – die triffst du höchstens am Wochenende." Mama hat mir dann noch einmal wohlwollend über meine Haare gestrichen und auf die Ausdrucke in meiner Hand gedeutet. „Lernst du noch? Dann will ich dich nicht weiter stören." Mir aufmunternd zunickend ist sie dann verschwunden, garantiert war sie danach eine Runde im Whirlpool zur Entspannung. Ich hätte mir gewünscht, sie wäre noch ein bisschen bei mir geblieben oder hätte mich gefragt, ob ich in den Whirlpool mitkomme.

Seufzend blicke ich aus dem Busfenster, an der nächsten Haltestelle steigen noch mehr Schüler und Schülerinnen lärmend ein. Am liebsten würde ich aussteigen ...

„Sehen wir uns später?", reißt mich Alina aus meinen Gedanken. „Wir könnten gemeinsam ins Schwimmbad gehen! Morgen habe ich Reitstunde, da kannst du mit in den Stall kommen, wenn du willst. Oder du kommst mit mir ins *Change!* Das ist total cool dort, das musst du dir unbedingt mal ansehen."

„Äh, gern, ich meine, nee, geht heute leider nicht. Ich habe

Schule bis um vier und danach Klarinette." Ich zucke bedauernd die Schultern. Wie soll ich ihr stecken, dass meine Eltern mich niemals in diese Jugendvilla gehen ließen? Und erst recht nicht zum Ponyspflegen! Da brauche ich gar nicht zu fragen, die Antwort weiß ich auch so.

„Och, schade, morgen vielleicht?", hakt Alina nach.

„Da habe ich Tennis."

„Übermorgen?" Sie lässt nicht locker und ich muss an das denken, was Mama über Frau Willmer alias „die Spinne" gesagt hat.

„Weiß noch nicht …", antworte ich ausweichend. Himmel, wie soll ich ihr bloß erklären, dass meine Eltern mir sozusagen den Umgang mit ihr verboten haben? Das kann ich unmöglich bringen.

„Aber mittwochs darfst du spielen oder wann? Mannomann, hast du denn nie Zeit?" Alina guckt mich kopfschüttelnd an und seufzt: „Na ja, irgendwann wird es schon klappen, aber warte nicht zu lange, sonst ist der Sommer vorbei und das Schwimmbad geschlossen." Sie knufft mich freundschaftlich in die Seite. Ich lächele sie an. Zu gerne wäre ich mit ihr bei dieser Affenhitze heute Nachmittag schwimmen gegangen.

So aber sitze ich brav im Unterricht, arbeite konzentriert und stelle meine Buchbesprechung vor. Eine glatte Eins.

„Typisch Jenny", lästert Krizia, „immer vorne dran."

Ich strecke ihr die Zunge raus. „Hab schließlich auch was dafür getan", schwindele ich und werde noch nicht einmal rot dabei.

Der restliche Schultag läuft normal wie immer. Wir haben Kunst und Bio, ich esse in der Mensa und mache nach dem Essen meine Hausaufgaben. Nur beim Klarinettenunterricht hapert es mal wieder an meinem Ansatz, weil ich in den Ferien nicht ausreichend geübt habe.

„Das nächste Mal bitte die dritte Oktave, aber perfekt", schreibt Frau Tischner auf. „Und wenn das nicht besser wird, werde ich mal mit deiner Mutter telefonieren müssen." Sie schaut mich missbilligend an und ich denke: Kann die nicht mal fünfe gerade sein lassen? Insgeheim verfluche ich meine Mutter zum hunderttausendsten Mal dafür, dass sie mich zwingt, Klarinettenunterricht zu nehmen. Aber sie hat sich nun mal in den Kopf gesetzt, dass ich auch eine künstlerisch-musikalische Ausbildung erhalte. Und weil irgend so ein Fuzzi von der Akademie für Tonkunst herausgefunden hat, dass ich eher der Typ Holzbläser bin, habe ich nach C-Flöte eben damit angefangen, Klarinette zu spielen. Ich mag die tiefen, melancholischen Töne dieses Instruments und spiele gerne für mich und einfach so vor mich hin. Aber dieses ständige Tonleitern-Auf-und-Ab, diese blöden Fingerübungen und Old-fashioned-Sing-Sing-Sing-Stücke finde ich doof. Habe ich gegen meine Eltern eine Chance?

Also strenge ich mich in den nächsten Tagen besonders an, verbringe das Wochenende komplett hinterm Schreibtisch und gebe mir noch mehr Mühe mit meinen Schulsachen als sonst. Alina versteht zwar die Welt nicht mehr, weil ich mich in ihren Augen komplett hinter meinen Büchern vergrabe, aber irgendwann gibt sie auf und fragt nicht mehr, ob ich zum Spielen, Teetrinken oder Reitengehen komme. Meine Eltern dagegen sind froh, dass sich mit mir wieder so schnell alles eingespielt hat, und erlauben mir dann sogar, auf Doreens Party zu gehen. Natürlich tun sie das nicht einfach so, sondern weil unsere

Eltern gemeinsam Golf spielen und Doreens Mutter extra bei meiner angerufen hat, ob ich komme.

Superhappy und leicht verspätet, weil meine Mutter sich im Navi vertippt hat, erscheine ich am Partyabend bei Doreen im Garten, der über und über mit Lampions dekoriert ist. Die anderen aus meiner Klasse sind schon da, Krizia belagert mich sofort. Sie ist immer noch sauer auf mich, weil ich ihr Angebot, mit ihr gemeinsam eine Tasche für Doreen zu kaufen, ausgeschlagen habe. Mama hat nämlich darauf bestanden, dass ich etwas Eigenes, Persönliches und Individuelles für sie aussuche, nicht irgend so ein Gemeinschaftsgeschenk.

„Und, was bekommt Doreen nun von dir?", bohrt Krizia nach.

„Über die Tasche hat sie sich übrigens sehr gefreut!"

„Warte es ab", sage ich und überreiche Doreen ein schmales Päckchen. „Herzlichen Glückwunsch noch mal nachträglich und danke für die Einladung", leiere ich artig hinunter, wie gesagt, ich bin ein Kind aus besserem Hause.

„Danke schön, was mag da wohl drin sein?" Sofort ist Doreen von ein paar Mädchen umringt. Helen versucht sogar, als Erste die Schleife aufzumachen.

Amüsiert stehe ich daneben. Die warme Abendluft duftet nach Grillwürstchen und sorgt dafür, dass mein Magen anfängt zu knurren.

„Wow!" – „Das ist ja geil!" – „Boah, wie süß!", höre ich es plötzlich begeistert kreischen.

„Das ist superschön, tausend Dank!" Doreen umarmt mich und ist völlig aus dem Häuschen.

„Dich lade ich auch mal ein", grinst Helen und ich freue mich über dieses Lob, obwohl ich das silberne Bettelarmband mit den Glitzercharms, das Mama ausgesucht hat, ziemlich übertrieben finde. Persönlich ist eine Sache, aber Doreen ist noch nicht einmal meine beste Freundin. Mama wollte sich gegenüber Doreens Eltern, wie sie sich ausdrückte, „nicht lumpen lassen". Ich hätte ja viel lieber mit Krizia gemeinsame Sache gemacht.

„Komm, wir holen uns Sommerbowle", schlägt Doreen vor, hakt mich unter und zieht mich Richtung Buffet.

Krizia lässt sie einfach links liegen. Ich ernte einen finsteren Blick von ihr.

„Kein Wunder, dass du nicht so eine popelige Tasche kaufen wolltest", ätzt sie später, als wir alle auf der Wiese herumlümmeln und Würstchen futtern. „Das war dir wohl nicht fein genug."

„Das Armband ist trotzdem schön …", murmelt Helen.

„Ist halt typisch Jenny", meint Krizia, „kannst dir was drauf einbilden, den Vogel des Abends abgeschossen zu haben."

Sie tuschelt Helen etwas ins Ohr, die mich daraufhin abschätzend anblickt, obwohl sie vorher von dem Silberschmuck so begeistert war.

„Gehen wir 'ne Runde schwimmen", schlägt Doreen vor, der das alles sichtlich unangenehm ist. „Ihr könnt euch im Gartenhaus umziehen."

„Oh, Mist, jetzt habe ich meinen Badeanzug vergessen", rufe ich erschrocken. Dabei habe ich ihn absichtlich zu Hause gelassen. Erstens, weil ich mich mit meiner kompakten Adele-Figur ungern halb nackt zeige, und zweitens, weil ich keine Lust auf eventuelle Kommentare bezüglich meiner gut entwickelten Oberweite hatte.

„Och, wie schade, willst du einen von mir ausgeliehen haben?",
fragt mich Doreen beflissen, die bereits ein knallrotes Blüm-
chenteil trägt, das ihr hervorragend steht.

„Für Jenny musst du wohl eher im Kleiderschrank deiner Mutter nachschauen", ulkt Krizia. Gestern noch hätte ich mitge-
lacht und mir nichts dabei gedacht. Heute weiß ich, dass Krizia
mich mit dieser fiesen Bemerkung kränken will. Ich tue so, als
hätte ich es überhört, und stülpe mir meine neue Sonnenbrille
mit den großen Gläsern auf die Nase.

„Ich hab auch keine Lust auf Pool", meint Tim und setzt sich
zu mir auf die Picknickdecke, während die anderen ins Wasser
platschen. Er und Nicolas haben sich im Hintergrund gehalten,
während wir kichernd beisammenstanden.

„Magst du?" Nicolas hält mir eine Schüssel Popcorn hin.

„Das geht so!", ruft Tim übermütig und wirft das Popcorn in
die Luft, um es mit dem Mund aufzufangen.

„Nein so!" Ich lege mir Popcorn auf den Handrücken und ka-
tapultiere es mit einem Schlag in die Luft, wo ich es dann geschickt mit dem Mund auffange.

„Cool!", ruft Nicolas begeistert und übt so lange, bis er diesen
Trick ebenfalls beherrscht.

Wir haben superviel Spaß, sodass ich Doreens und Krizias fins-
tere Blicke erst bemerke, als die beiden tropfnass vor uns stehen
und die Jungs auffordernd ins Wasser ziehen. Verdutzt blicke
ich ihnen nach, wie sie sie jetzt im Wasser tunken und dabei
herumkichern. *Alberne Gänse,* ist alles, was ich denken kann.

Lies alles über Freundschaft in der digitalen Welt in
Kapitel 20, S. 171.

4 Goldmarie ...

Der Sonntag ist voll öde! Nachdem mich Papa am Abend vorher um Punkt zehn abgeholt hat (alle anderen durften bis elf oder haben dort übernachtet), habe ich lang geschlafen. Kein Wecker, kein Frühstück, der Sonntagmorgen ist bei uns heilig. Papa geht joggen, Mama absolviert im Keller ihr Wellnessprogramm, wir treffen uns alle erst später ganz entspannt und *casual* am Esstisch zum Brunch. Um den nervigen Fragen meiner Eltern vorzubeugen, habe ich bereits gleich nach dem Aufstehen Klarinette und Chinesisch geübt und meine restlichen zu erledigenden Hausaufgaben schon bereitgelegt. Daran werde ich mich gleich nach dem Brunch setzen. Und eine Einheit Englischvokabeln steht auch auf dem Programm, wie ich Mama berichte, während ich mir Rührei auf den Teller löffele.

Nach dem Essen eile ich an meinen Schreibtisch und starte meinen Laptop. Ich will herausfinden, ob es auch für *The Hound of Baskerville,* das wir demnächst als „Ganzschrift" in Englisch lesen werden, eine Hausarbeit im Internet gibt. Als Erstes checke ich aus reiner Gewohnheit den Eingang meiner E-Mails. Keine zusätzlichen Hausaufgaben, zum Glück, aber ich habe drei Nachrichten: Eine ist von meiner älteren Cousine Klara, die fragt, wann ich mal wieder ins *Change* komme. Was denkt die sich denn? Unsere Familien sind verkracht und sie weiß genau, dass meine Eltern mir den Umgang mit ihr verboten haben. Dabei mag ich sie schrecklich gerne. Früher, als ich kleiner war, haben wir viel Zeit zusammen verbracht. Sie hat mir vorgelesen, mit mir gespielt, ihre Nähe tat mir immer gut. Auch wenn sie fast sechs Jahre älter ist als ich und mittlerweile studiert, vermisse ich sie sehr … aber ich darf ja nicht. Deswegen lösche ich ihre E-Mail sofort.

Die zweite ist eine Werbemail für ein exklusives Haarpflegemittel, das ich mal gegoogelt hatte, und die dritte eine Einladung, meine Lektüre-Erfahrung mit *Klassenspiel* im sozialen Netzwerk ChaCha mitzuteilen.

Warum nicht? Ich klicke auf den Link und lande sofort auf einer cool gestalteten Website, auf der ich mich zunächst registrieren muss, um überhaupt in den Chat zu gelangen. Also gut, denke ich mir, schließlich habe ich von den Infos profitiert, da gebe ich gerne einen Kommentar dazu. Die Seite wirkt seriös, und wenn ich mein Profil sicher genug anlege, kann mir nichts passieren. Erst letzte Woche hat mein Vater beim Abendessen ausführlich über die „Datenabzocke" von Facebook resümiert, welch fettes Millionengeschäft die mit dem Weiterverkauf von persönlichen Klickvorlieben machen und wie genau man aufpassen muss, wenn man sich anmeldet, damit nicht jeder auf dein Profil zugreifen kann.

Ich kenne die Diskussion darüber natürlich auch, wir haben neulich im Unterricht ausführlich darüber gesprochen. Unsere Lehrer weisen uns gerne darauf hin, bloß keine Partybilder von uns einzustellen, weil die uns ein Leben lang verfolgen können, und dass das zum Beispiel bei Bewerbungsgesprächen negative Auswirkungen haben könnte. Von anderen, wie zum Beispiel von Frau Haderer, ist bekannt, dass sie den Kontakt zu ihren Oberstufenschülern jenseits der Schule gerne über Facebook hält – einerseits für Hausaufgaben und Lernstoff, andererseits checkt sie auf diese Weise natürlich, wie sich ihre Schützlinge im Netz bewegen, damit sie keinen Mist anstellen oder gar peinliche Fotos einstellen. Was sie nicht weiß: Die meisten von uns nutzen privat überhaupt kein Facebook, sondern andere Dienste wie Instagram oder Twitter. Oder ChaCha.

Ich zögere nicht lange und melde mich an. Ich fülle ordnungsgemäß sämtliche Adress- und Fragefelder aus und bin schon fast fertig, da halte ich inne und ändere mein Profil: Statt blonden Haaren verpasse ich mir braune, statt 1,68 m gebe ich eine Körpergröße von 1,75 an, als Lieblingsstar nenne ich nicht Adele sondern Rihanna usw. Und mein Nickname wird *Goldmarie, mein Foto eine gelbe Rose.

Zufrieden darüber, meine wahre Identität auf diese Weise geschickt verschleiert zu haben, klicke ich auf den Fertig-Button und schicke meine Daten ins WWW. Kurz darauf erhalte ich eine Willkommensmail und meinen Zugangscode.

Aufgeregt logge ich mich ein und verfasse gleich drei Beiträge zur Frage: „Was machst du gerade?"

Einen über *Klassenspiel:* Dass mir das Buch gefallen hat und warum und wie sehr mir die Infos geholfen haben.

Einen über meinen Umzug aufs Land und die tägliche Busfahrt, die mich nervt, weil der Bus eine alte Gurke ist und stinkt.

Und einen darüber, dass ich so schrecklich viel für die Schule lernen muss.

Ich beame meine Statements ins Netz, warte geduldig fünf Minuten vorm Rechner und checke dann, ob ich bereits Kommentare dazu erhalten habe. Natürlich nicht. Enttäuscht klappe ich den Laptop zu.

Als ich mich dann aber später nach dem Vokabellernen erneut einlogge, habe ich zum Thema Umzug drei, zum Thema Lernstress sogar fünf Beiträge, zu dem Buch keinen.

> *Linus23* schreibt, dass er auch jeden Tag vom Dorf in die Stadt pendeln muss und wie sehr ihm das auf den Zeiger geht.

> *Erdbeermuffin* meint, dass ich froh sein solle, dass überhaupt ein Bus fahren würde, sie müsse jeden Tag zehn Kilometer mit dem Fahrrad zur Schule fahren, bei Schnee, Wind und Regen.

> Und *Salzstange* will wissen, wie mein neues Zimmer denn jetzt aussieht.

Diese Frage beantworte ich als Erstes, erzähle von meinem Panoramafenster und meinem neuen Lieblingsteppich.

Als ich die Beiträge über Lernstress lese, bin ich überrascht, wie gut mich die anderen verstehen. Bei mir in der Klasse ist es nämlich eher so, dass ich als Streberin gelte, weil ich nur sehr gute Noten habe, bis auf Englisch. Dass ich dafür auch sehr viel tue, interessiert die anderen nicht. Ich brauche also gar nicht mit dem Thema anfangen. Hier im Chat aber schreiben viele, dass sie ebenso wie ich total viel lernen müssen, erstens, um überhaupt den Stoff zu verstehen, und zweitens, weil sie Druck von ihren Eltern bekommen. Da mir die Schreibweise von *PeggySue* am sympathischsten ist, antworte ich ihr ausführlicher, erzähle von meiner Klarinette und frage, ob sie ebenfalls ein Instrument spielt.

Keine zwei Minuten später habe ich wieder vier Antworten.

Hi Goldmarie, du bist ja krass! Büffelst für die Schule und übst dann auch noch Klarinette. Machst du außer lernen sonst noch was?!, schreibt *Popcorn.*

Ich klicke sie (oder ihn!?) schnell weg. Dafür hat *PeggySue* geantwortet.

Eine Eins in Mathe, träum! Aber das hast du dir auch verdient, wenn du so viel lernst. Ich schreibe immer nur Dreier, obwohl ich immer genau nach Plan lerne und sogar Nachhilfe habe. Bei einem total süßen Typen aus der Zehnten, pssst, aber sage es nicht weiter. Ich würde auch gerne Klarinette spielen können, aber meine Eltern erlauben es mir nicht. Spiel doch mal für mich!

Das ist die Idee: Ein Video auf YouTube! Ich fühle mich sehr geschmeichelt, als ich das lese, endlich mal jemand, der mich versteht und sich für mich interessiert! Auch die anderen Kommentare sind ähnlich positiv, *Chino* fragt mich, ob ich ihm nicht Lerntipps geben könnte, und *Oktave* findet, dass es kein cooleres Instrument gäbe als Klarinette. Sie selbst spielt Violine in einem kleinen Kammerorchester und würde mich am liebsten zu ihrem Quintett einladen. Deswegen fragt sie, wo ich wohne. Ich zögere einen Moment, doch dann ignoriere ich ihre Einladung. Ich bin doch nicht blöd, da klicke ich mir erst mühsam eine neue Netzidentität zusammen und dann offenbare ich brühwarm, dass ich in einem Kaff namens Liederhausen wohne?! Dazu kommt: Wie sollte ich meinen Eltern erklären, dass ich in einem Musikensemble spielen möchte, das ich übers Internet kennengelernt habe? Und außerdem: Wer weiß, wer sich hinter *Oktave* wirklich verbirgt …

Aber das mit dem Klarinettenvideo ist eine gute Idee! Ich muss nur überlegen, wie ich es anstelle, damit man nicht sieht, dass ich mit meiner Haarfarbe usw. geschummelt habe. Außerdem würde Papa die Krise kriegen, wenn ich einen Film von mir ins Netz stellen würde. Aber ich weiß schon, wie: Ich mache die Kameraeinstellung so, dass nur meine Finger auf der Klarinette zu erkennen sind, mein „Gesicht" wird niemand zu „Gesicht" bekommen. Nachdem ich unter Aufbietung sämtlichen technischen Wissens das Video gedreht und auf YouTube eingestellt habe, verbringe ich den restlichen Sonntagnachmittag mit meinem Laptop auf meinem Kuschelteppich im Forum und warte auf Kommentare. *PeggySue* ist natürlich begeistert! Ich chatte dann noch eine Weile mit *Popcorn* und *Salzstange* über dies und das.

Und als ich zum Abendessen den Rechner zuklappe, habe ich zehn neue Freunde gewonnen und mich so gut unterhalten wie noch nie, außer neulich bei Alina drüben.

Zehn! So viele wollten noch nie mit mir befreundet sein. Ich bin zwar in der Klasse einigermaßen beliebt, aber so richtig dicke bin ich ja mit niemandem. Und auf der Party bei Doreen habe ich mir auch keine neuen Freundinnen gemacht, nicht zuletzt, weil ich mit Tim und Nicolas Popcorn gefuttert habe. Und wegen des teuren Geschenks halten mich jetzt alle für superarrogant und eingebildet.

Außer Doreen. „Das ist so cooool!", begrüßt sie mich am Montagmorgen schon von Weitem und wedelt mir fröhlich mit ihrem neuen Klimperarmband entgegen. „Meine Mutter ist auch ganz begeistert und fragt, ob du mich nicht mal wieder besuchen kommen möchtest. Aber diesmal *musst* du unbedingt deinen Badeanzug mitbringen!"

„Klar, sehr gerne!"

Doch Doreens plötzliche Zuneigung bröckelt genauso schnell, wie sie begonnen hat. Als Krizia in der Pause eine fiese Bemerkung in meine Richtung macht, merke ich, wie sie unsicher wird und auf Abstand geht. Die Stimmung wird auch nicht besser, als ich Krizia in Französisch, als sie aufgerufen wird, die Vokabeln vorsage und sie sich mir gegenüber ein Danke abringen muss. Andererseits: Hätte ich nichts vorgeflüstert, hätten sie nur wieder einmal mehr über mich als Streberin gelästert.

Seit der Party bei Doreen verhält sich Krizia mir gegenüber völlig fremd: Sie geht mir aus dem Weg, wo sie kann, und redet nur noch das Nötigste mit mir. Erst denke ich, es ist nur so eine Laune, aber als sie am Freitag immer noch an mir vorbeischaut, spreche ich sie direkt an.

„Was ist denn los? Habe ich dir was getan?", frage ich, als wir vor der Sporthalle auf unseren Lehrer warten.

Aber von Krizia kommt nur ein „Vergiss es!" und das war's. Doreen steht hilflos daneben und zuckt nur mit den Schultern, sie weiß auch nicht, was Krizia hat, hat sie mir gesagt. Später dann aber bei den Dreierübungen beim Volleyball spielen wir zusammen in einer Gruppe, als ob nichts vorgefallen wäre.

Besser gelaunt als in den letzten Tagen fahre ich an diesem Nachmittag nach Hause und starte sofort meinen Rechner. Endlich Wochenende! Mittlerweile ist es mir zur Gewohnheit geworden, als Erstes meine neuen Kommentare zu checken und ob *PeggySue* gerade online ist. Meist kommt sie zur gleichen Zeit wie ich nach Hause und dann erzählen wir uns gegenseitig von unserem Schultag und was Aktuelles passiert ist.

Fahre übers Wochenende ins Tenniscamp!, lese ich, nachdem ich mich eingeloggt habe.

☹☹☹☹☹, maile ich zurück. *Das wird ein ödes Wochenende ohne dich!*

Aber das wird es dann zum Glück nicht. Erstens, weil mein Vater für Samstagabend ein paar Freunde und Kollegen zum Kochen eingeladen hat und hier große Aufregung herrscht. Natürlich soll alles perfekt sein und sowohl meine Mutter als auch Marianne wirbeln herum zwischen Tischdeko und sonstigen Vorbereitungen. Einzig mein Vater ist völlig entspannt. Nachdem er auf einem Hof im Taunus – fünfzig Kilometer von hier! – erstklassige Steaks vom Wagyu-Rind erstanden hat, ist er die restliche Zeit mit Gemüseschnippeln beschäftigt, was er sichtbar entspannend findet, zumindest gönnt er sich schon mal ein Glas Brunello dazu und pfeift fröhlich vor sich hin. Das macht er sonst eher selten. Und während das Ratatouille vor sich hin schmort, widmet er sich der Zubereitung der *Crème brûlée.* Diese Nachspeise wird er später live flambieren, das lässt er sich natürlich nicht nehmen.

Meine Aufgabe bei solchen Events besteht immer darin, möglichst unsichtbar zu sein und doch gleichzeitig die wohlerzogene Tochter zu spielen. Immerhin muss ich heute nichts auf der Klarinette darbringen, für dezente Loungemusik wird das neue Airplaycenter sorgen …

Zweitens erlauben mir meine Eltern, dass ich am Nachmittag rüber zu Alina gehe. Doch die empfängt mich nur mit einem müden „Ach, du bist's!".

„Bist du krank?", frage ich, weil sie sich sofort aufs Sofa lümmelt.

„Nee, hab nur meine Tage bekommen und dreimal gekotzt …", murmelt sie matt.

„Das ist bei euch Mädchen nun mal so, ein bisschen Bauchweh, bis sich das alles eingespielt hat!", meint Frau Willmer und reicht ihr eine Wärmflasche. „Hier, das tut dir bestimmt gut. Und ansonsten ruhst du dich heute eben aus."

„Dann gehe ich mal lieber", sage ich unschlüssig. Mir ist die Situation furchtbar unangenehm, überhaupt dieses ganze Tage-Thema, bei dem ich nicht mitreden kann. Ich weiß natürlich, was da passiert, aber dass es einem dabei so hundeelend gehen muss wie Alina … Bedrückt schleiche ich nach Hause. Am liebsten würde ich mit meiner Mutter darüber reden und sie fragen, ob das bei mir eines Tages auch so sein wird. Aber das traue ich mich nicht. Und Marianne anzusprechen, erst recht nicht.

Und drittens verziehe ich mich dann mit meinem Laptop auf meinen Teppich, wo ich den restlichen Tag verbringe bis auf die eine Stunde, in der ich, sehr ordentlich angezogen, gemeinsam mit meinen Eltern unsere Gäste begrüße, die mit großen „Ahs" und „Ohs" unseren Bungalow samt Einrichtung bewundern.

Im Chat sind heute nur wenige Bekannte unterwegs, außerdem geht es um langweilige Themen wie stürmisches Septemberwetter und Lieblingsapfelsorten. Mich würde ja brennend interessieren, was es mit Alinas Übelkeit in Bezug auf ihren Tage-Bauch auf sich hat. Ich will schon als *Goldmarie meine Frage posten, da kommt mir die glorreiche Idee, mir eine andere Identität zuzulegen, schließlich habe ich ja noch meinen Schulaccount.

Gesagt, getan. Mit dem Profil Chinagirl2000 fühle ich mich frei und unerkannt, logge mich ein und lege los. Ich schreibe einfach das auf, was mir Alina erzählt hat.

*Letzten Mittwoch hatte ich zum ersten Mal meine Regel!
Es fing damit an, dass ich beim Mittagessen Bauchweh bekam. Meine Freundin Paulin wollte wissen, warum ich so
„leidend" am Tisch saß. Allerdings war es keine dolle Blu-
tung und sie hat am Freitag auch schon wieder aufgehört.
Ist das jetzt immer so, das mit den Bauchschmerzen? Und
was kann ich dagegen tun?*

Ich beame meine Frage ins Netz und warte gespannt auf eine
Antwort, die nicht lange auf sich warten lässt.

Mirikind findet es toll von mir, dass ich so offen und mutig
über dieses Thema spreche. Sie selbst hat ihre Tage noch nicht,
weiß aber von ihrer Schwester, dass man da grässliche Bauchschmerzen haben kann, gegen die Tabletten aus der Apotheke
aber sehr gut helfen.

Tirili schreibt, dass das alles halb so wild sei und bei jedem
Mädchen anders, ich solle mich locker machen, je entspannter,
desto besser. Ihre jüngere Schwester hätte jetzt seit Kurzem ihre Tage und würde ein Drama daraus machen, das hält sie für
übertrieben.

Chickimaus fragt, ob wir uns im *private room* unterhalten möch-
ten, sie möchte über diese intimen Dinge nicht in aller Öffent-
lichkeit sprechen. Aber dazu habe ich keine Lust, wer weiß, wer
sich hinter *Chickimaus* verbirgt, da bin ich lieber vorsichtig.

Tetra4 schlägt mir vor, meine Mutter zu fragen, und wie es bei
ihr so gewesen ist. Aber genau das kann ich ja nicht tun! Meine
Mutter ist diesbezüglich total verklemmt, vielleicht ist sie auch
schon zu alt, immerhin ist sie schon fast vierundfünfzig und
vielleicht auch schon in den Wechseljahren, in denen Frauen
eben nicht mehr ihre Periode haben.

Meine Mutter hat mich erst mit vierzig bekommen, schreibe ich, *mit ihr kann ich nicht reden.*

Oh, kommt es von *Tirili, dass du nicht mit ihr reden kannst, ist blöd. Aber was hat denn ihr Alter damit zu tun? Und dein Vater?!* ☺, fragt *Tetra4.*

Mit dem erst recht nicht!, antworte ich, *wenn ich es richtig mitbekommen habe, konnte er mich auch gar nicht auf natürlichem Wege zeugen.*

Das ist nämlich ein offenes Geheimnis, dass ich eigentlich in vitro gezeugt wurde, das bedeutet im Klartext, dass man von Papas Spermien ein besonders fittes ausgesucht und damit im Reagenzglas eine Eizelle meiner Mutter befruchtet hat, die man ihr dann wieder eingesetzt hat.

Boah, da bist du ja was ganz Besonderes!, meint *Tirili.*

Fühlst du einen Unterschied?, fragt *Tetra4.*

Ich bin auch ein In-vitro-Kind, gesteht *Rubinja,* die sich neu eingeklinkt hat.

So geht es dann hin und her und ich freue mich, dass ich im Zentrum eines so umfangreichen Dialoges stehe und plötzlich so viele Freunde habe, wie mein Fenster mit dem Freundebarometer anzeigt. Mittlerweile habe ich mich auch als **Goldmarie* eingeloggt und chatte parallel, was irre viel Spaß macht, weil ich mit *Erdbeermuffin* und *Salzstange* Haarpflegetipps gegen Spliss und brüchige Spitzen austausche und wir uns kringelig ☺☺☺☺ lachen bei der Vorstellung, ein ganzes Ei im Haar zu verteilen. Ich schaue erst auf die Uhr, als ich unten einen Wagen hupend wegfahren höre. Da ist es zwei Uhr nachts …

Lies alles über Safe Surfen in Kapitel 14, S. 156.

... und Pechmarie 5

Schneller als erwartet habe ich mich an das tägliche Busfah-
ren gewöhnt ebenso wie an Alinas Schmollgesicht, das sie trägt,
weil ich mich kaum noch bei ihr blicken lasse. Erstens erlaubt es
mein Arbeitspensum nicht, denn die Lehrer haben ordentlich
angezogen, und mir scheint es, als wollten sie uns den gesamten
Lernstoff auf einmal eintrichtern. Zweitens haben meine Eltern
ein Auge drauf und drittens bin ich lieber in jeder freien Minute
auf ChaCha unterwegs als bei ihr drüben oder bei den Pferden,
vor denen ich, ehrlich gesagt, gehörig Schiss habe.

Denn wenn ich einmal nicht Klarinette, Chinesisch oder für
die Schule lerne, sitze ich am Laptop, chatte und/oder poste
Neuigkeiten. Oder lese in den Blogs der anderen nach, was sie
alles erlebt haben. Mittlerweile habe ich richtig tolle Freunde
im Netz, was ich von der Schule nun leider nicht behaupten
kann. Seit der Party bei Doreen verhält sich Krizia nach wie
vor total blöd mir gegenüber und hat es längst geschafft, Doreen auf ihre Seite zu ziehen. So kommt es, dass ich nun in
den Pausen ziemlich alleine herumstehe, während die andern
zusammen kichern und sich über die neuesten Events austauschen, bei denen ich nicht dabei war: Eis essen in dem neuen

Frozen-Yoghurt-Laden, Picknick am Main, Fotoworkshop im *Change*. Aber es macht mir nicht viel aus, schließlich habe ich meine Freunde bei ChaCha.

Mit *PeggySue* zum Beispiel habe ich inzwischen ein richtig inniges Verhältnis, sie hat mir von ihrer überfürsorglichen Mutter erzählt und wie sehr es sie nervt, dass diese sich überall in ihre Privatangelegenheiten einmischt. Man muss sich mal vorstellen, sie hat sogar heimlich in ihrem Tagebuch gelesen! Ich habe ihr im Gegenzug ebenfalls von meinen strengen Eltern berichtet und wie sehr sie mich zwiebeln, damit ich in jedem Fach glatt eins stehe. Daraufhin hat sie mir den Rat gegeben, im Forum mit anderen Lerntipps auszutauschen. Genauer gesagt, tauschen wir unsere Hausaufgaben, was ziemlich genial ist, vor allem wenn es um längere Referate geht.

> *Weiß jemand was über die mendelschen Regeln?*, poste ich zum Beispiel. *Brauche bis Mittwoch fünf Seiten darüber.*

Keine zehn Minuten später habe ich drei Aufsätze zur Auswahl. Ich dafür versorge die anderen mit meinen Kenntnissen in Erdkunde und Geschichte. Und je schneller die Hausaufgaben erledigt sind, desto mehr Zeit haben wir zum Chatten. Immer öfter kommt es jetzt vor, dass ich bis spät in die Nacht vorm Laptop sitze. Damit meine Eltern nichts merken, verhalte ich mich möglichst unauffällig und lege freiwillig meine Tests und Arbeiten vor (sofern eine Eins druntersteht, was leider nicht mehr so oft der Fall ist). Dummerweise fällt mir das Aufstehen zunehmend schwerer, nur mit viel Mühe gelingt es mir, mich für die Schule startklar zu machen. Dabei verzichte ich bereits aufs morgendliche Haarewaschen (und das will bei mir etwas heißen!), ebenso wie auf mein Frühstück. Trotzdem erreiche ich den Bus immer in letzter Sekunde. Es dauert dann noch mal zwei Stunden, bis ich richtig wach bin, eine Cola und ein mit Honig beschmiertes Rosinenbrötchen helfen mir dabei. Trotzdem habe ich immer mal wieder Kopfschmerzen, aber dagegen hat mir meine Mutter Tabletten gegeben.

„Kommt vom vielen konzentrierten Lernen", hat sie gemeint und mich wohlwollend angelächelt. „Das kenne ich, aber es geht vorbei. Warte nur, bald sind Herbstferien: Wenn wir erst mal in Jordanien sind, ist alles vergessen."

Dass mir auch zusätzlich Schultern und Nacken wehtun, erzähle ich ihr lieber nicht, am Ende müsste ich mich dann auch von Waltraud massieren lassen. Das ist Mamas Wellness-Fee, die einmal pro Woche zu uns nach Hause kommt, um sie von Kopf bis Fuß zu verwöhnen.

Eines Tages, als ich mich mal wieder als *Chinagirl2000* einlogge und meine Beiträge checken will, trifft mich der Schlag, als ich die angehängten Bilder öffne. Lauter Penisse in allen Größen prangen mir entgegen!

Sweet Chinagirl, you're welcome, lese ich fassungslos.

Sofort logge ich mich aus und verlasse die Website. Doch zu spät, die Bilder haben sich fest in meinen Kopf eingebrannt und lassen mich den restlichen Nachmittag nicht mehr los. Wieso schickt mir jemand einfach solche Fotos? Wer will da was von mir? Was soll das?

Eigentlich müsste ich das sofort melden. Aber wem?! Dann würde auffliegen, dass ich in den letzten Wochen nicht nur für die Schule im Internet unterwegs war …

Ich versuche, mich auf meine Hausaufgaben zu konzentrieren, aber das fällt mir unglaublich schwer, immer wieder wandern meine Gedanken zu diesen Bildern. Fieberhaft überlege ich, ob ich auf irgendwelchen dubiosen Websites gewesen bin oder wo ich aus Versehen meine E-Mail angegeben habe. Doch mir fällt nichts ein, sosehr ich auch grübele.

Am liebsten würde ich die Kiste erst mal auslassen, doch ich brauche dringend die Infos über *The Hound of the Baskervilles,* die mir *Kellerassel* schicken wollte, denn ich hatte ja keine Zeit, das Buch zu lesen.

Ob ich mich wieder einlogge? Ich brauche ja nur meinen **Goldmarie*-Account abzufragen und das *Chinagirl2000* ignorieren, versuche ich, mich selbst zu ermutigen. Aber bevor ich einen Versuch starten kann, werde ich zum Abendessen gerufen.

„Na, was ist denn mit dir, du bist so blass?", begrüßt mich meine Mutter. „Wirst du krank? Bitte nicht, das können wir uns jetzt nicht leisten, wo wir doch übermorgen in den Urlaub fliegen wollen." Sie verzieht das Gesicht und guckt mich alarmiert an.

„Nee, keine Sorge, ich habe nur mal wieder Kopfschmerzen", antworte ich und setze mich. „Ich gehe heute früh schlafen, dann geht es mir morgen besser."

Während des Essens grübele ich darüber nach, ob ich *PeggySue* von diesen Bildern erzählen soll. Wenn ich mich nicht gleich wieder einlogge, wird sie mich vermissen und mich mit Fragen bombardieren, wo ich denn stecke – und sie wird nicht die Einzige sein. Und meine Hausaufgaben muss ich ja auch noch aus dem Netz holen.

Schweigend beginne ich zu essen, während mein Vater eine Nachricht tippt und Mama laut darüber nachdenkt, was sie alles einpacken will. Dann fragt sie mich, ob ich einen neuen Bikini brauche.

„Freust du dich denn gar nicht?", will sie von mir wissen, als ich nur mit den Schultern zucke. „Wenn du magst, gehen wir dort einkaufen, die haben in dem Hotel so eine niedliche Boutique."

„Gerne", nicke ich, damit sie keine weiteren Fragen stellt, dabei habe ich jetzt schon Horror davor. In diesen Shops gibt es ja nur Minibikinis und nicht welche für stabilere Mädchen wie mich.

Als ich die Zabaione zum Nachtisch aufgelöffelt habe, bleibe ich noch einen Moment sitzen, um weitere Details über unsere Reise zu erfahren. Es ist nämlich so, dass meine Eltern zwar unglaublich viel und hart arbeiten, im Urlaub aber komplett den Schalter umlegen. Wenn wir wegfahren, haben wir Urlaub – Arbeit, Bücher und Schule bleiben zu Hause, das gilt auch für mich. Dann sind ab dem Check-in Handys und Computer ausgeschaltet und werden erst wieder angestellt, wenn wir den Flughafen Richtung Heimat verlassen. Echt, das glaubt jetzt keiner, ist aber so. Irgendwie muss ich sie fragen, ob es diesmal wieder so ist. Das würde nämlich bedeuten, zwei Wochen offline zu sein – und das würde ich nicht überleben. Wie soll ich das *PeggySue* und den anderen erklären?

Aber auf meine vorsichtige Anfrage hin macht mir mein Vater unmissverständlich klar, dass er nicht daran denkt, das kostenlose WLAN-Angebot des Hotels zu nutzen, schließlich bräuchte er wenigstens vierzehn Tage im Jahr seine absolute Ruhe und der Laptop bliebe zu Hause, selbstverständlich auch meiner. Wir reden dann noch ein bisschen über die Ausflugsmöglichkeiten und ob ich auch eins der Wellnessangebote nutzen möchte (will ich nicht) oder an einer Kamelsafari teilnehmen möchte (vielleicht, obwohl ich Schiss habe).

„Also gut", sagt meine Mutter und lässt den Flyer mit dem Wellnessprogramm über den Tisch schliddern. Sie wirkt ein bisschen beleidigt, „dann eben nicht. Aber bei deiner unruhigen Haut täte dir das bestimmt gut …"

„Lass sie doch!", scherzt mein Vater gut gelaunt und legt sein Handy beiseite, offenbar hat er eine gute Nachricht erhalten. „Wir machen ein Salzbad im Toten Meer, danach hat unsere Johanna eine Haut glatt wie ein Babypopo."

„Selber!" Ich strecke ihm die Zunge raus. Er ist es nämlich, der hier die schlechte Haut hat und unter stressbedingter Schuppenflechte leidet. Da sind diese Aufenthalte am Meer immer äußerst hilfreich für ihn.

Drei Tage später sitze ich im Flieger nach Amman und aller Ärger ist vergessen. Glücklich lehne ich mich in meinem Sitz zurück und stöpsele mir die Kopfhörer ins Ohr. Und während Adele gefühlvoll und leise *Someone like you* singt, träume ich über den Wolken von Marvin. Vergessen ist der Schulstress, ich habe in sämtlichen Arbeiten lauter Einser kassiert, selbst in Englisch, das gab's noch nie. Kein Wunder, dass meine Mutter aus dem Häuschen ist und mir zur Belohnung eine Überraschung versprochen hat: Ich darf mir eine Kette aussuchen, in Jordanien gibt es wunderschönen Silberschmuck und ich wünsche mir schon lange einen filigranen Anhänger mit einer echten Perle.

Vergessen ist der Trouble mit Doreen und Krizia, die mir am letzten Schultag noch nicht einmal schöne Ferien gewünscht haben. Das gab es, seit wir uns kennen, noch nie – und so langsam beginne ich, mich zu fragen, was ich den beiden überhaupt getan habe.

So gut wie vergessen sind auch die blöden Bilder aus dem Netz.

Ich habe es tatsächlich geschafft und meinen *Chinagirl2000*-Account komplett ignoriert, auch wenn mir diese grässlichen Penis-Bilder noch ewig nachgegangen sind. Komischerweise hat *Goldmarie* ebenfalls Post vom selben Absender bekommen, die E-Mail habe ich aber gleich gelöscht, ohne mir erst den Anhang anzusehen, sicher ist sicher. Wer weiß, welche Fotos es diesmal gewesen wären! Bei meinen Netzfreunden habe ich mich abgemeldet und habe ihnen erzählt, dass ich in den Urlaub fahre und deswegen offline bin. Ich könne weder chatten, posten noch mailen.

Seltsamerweise habe ich daraufhin jede Menge Kommentare erhalten, auch von Leuten, mit denen ich vorher nie Kontakt hatte.

> *Wow, du bist schlau!*
>
> *Könnte ich nie, zwei Wochen ohne ChaCha. Ich kann ja noch nicht einmal zwei Stunden offline sein!*
>
> *Wie willst du das überleben?*
>
> *Hast du nicht Angst, etwas zu verpassen?*
>
> *Und was machst du dann den ganzen Tag, wenn du nicht chatten kannst?*

Dieses „Und-was-machst-du-dann-den-ganzen-Tag?" geht mir eine Weile nicht aus dem Sinn, zumal die erste Woche todsterbenslangweilig ist. Die Sonne scheint, die Poollandschaft ist cool, aber sonst ist in unserem Luxushotel nichts los. Nachdem wir natürlich vergeblich nach einem Bikini geschaut haben und Mama mich nicht zu einer Schokoladenmassage überreden konnte, schlägt sie mir erneut die Kamelsafari vor, die ja vom Hotel extra für die Jugendlichen organisiert wird. Wohl oder übel willige ich ein.

„Zwei Tage durch die Wüste und nachts unter dem freien Sternenhimmel schlafen, das ist doch großartig", schwärmt sie mir vor und ich denke seufzend an meinen Laptop zu Hause und die vielen unbeantworteten E-Mails und Kommentare zu meinem letzten Beitrag über meine Thermolockenwickler, die lange Haare voluminöser aussehen lassen.

„Schade, dass ich zu alt dafür bin, obwohl ich mich so jung fühle wie nie", scherzt mein Vater, der sichtlich erholt aussieht. Kein Wunder, bei vier Mal täglich Salzbad und all den Vitaminampullen, mit denen er sich verwöhnen lässt. „Und wenn du zurückkommst, spielen wir Tennis, versprochen. Will doch mal sehen, wie gut du wirklich bist!"

Und da war er doch wieder, der Leistungsdruck. Nie geht was aus Spaß, Kamelreiten ist eine Sache, Gewinnen eine andere. Sofort habe ich schlechte Laune und überhaupt keine Lust mehr, an diesem Ausflug teilzunehmen. Weil ich aber nun mal angemeldet bin, gehe ich wohl oder übel dann doch mit.

„Hey, was machst du denn für ein Gesicht", begrüßt mich Bille, die Animateurin, als ich am nächsten Morgen in den bereitstehenden Bus einsteige, der uns in die Wüste zum Treffpunkt mit der Karawane bringen soll. „Da laufen einem ja die Kamele davon."

Prompt lacht der ganze Bus und ich setze mich mit knallrotem Kopf gleich in die erste Reihe. Neben einen Jungen, der schätzungsweise in meinem Alter ist.

„Hi, ich bin Norbert", begrüßt er mich. „Und ich habe auch keine Lust, hier mitzumachen."

„Jenny", antworte ich knapp und mustere ihn verstohlen von der Seite. Er ist blond, etwa dreimal so dünn wie ich und trägt eine Nerd-Brille.

„Und warum fährst du dann mit?", rutscht es mir heraus.

„Weil meine Eltern mal so richtig Urlaub machen wollen …", antwortet er schulterzuckend mit einer eindeutigen Handbewegung, „wenn du verstehst."

Klar verstehe ich. Ob meine Eltern mich deshalb auch weggeschickt haben? Immerhin haben sie für heute eine ayurvedische Duo-Massage gebucht …

Schweigend schaue ich aus dem Busfenster, während wir nun den Hotelkomplex verlassen und Richtung Landesinneres fahren, wo wir auf die Kameltreiber treffen werden. Bille hat sich das Mikro geschnappt und erzählt, was uns die nächsten zwei Tage erwartet. Ich höre ihr kaum zu, denn Norbert hat sein iPad hervorgeholt und sich auf Facebook eingeloggt. Fasziniert schaue ich zu, wie sich die Seite aufbaut, seine Gruppen und Follower zeigt.

„Bist du auch bei Facebook?", will er wissen, als er meinen neugierigen Blick bemerkt.

„Nein." Ich schüttele den Kopf. „Aber bei ChaCha. "

„Ah", kommt zurück. „Schau mal." Dann klickt er in atemberaubender Geschwindigkeit herum, zeigt mir sein Profil und seine Gruppen und dass er über vierhundert Freunde hat, mit denen er ständig in Kontakt ist.

Bewundernd schaue ich ihn von der Seite an. Vierhundert habe ich nicht, ich bin als *Goldmarie* nur mit fünfzig Mädchen befreundet, was ich auch eine Menge finde, wenn man bedenkt, dass sich in der Schule gerade mal Doreen und Krizia für mich interessieren (oder muss man sagen: *interessiert haben)* und vielleicht noch in jüngster Zeit Alina von nebenan.

Norbert ist, wie sich herausstellt, kein sonderlich guter Gesprächspartner. Nachdem er sein iPad wieder im Rucksack verstaut hat, schaut er schweigend aus dem Fenster und reagiert auch nicht, als ich ihm einen Kaugummi anbiete. Dann eben nicht, denke ich. Verstohlen blicke ich mich um, auch die anderen Jugendlichen im Bus wirken nicht sonderlich interessiert. Hoffentlich geht diese Safari bald vorbei und ich kann wieder unbehelligt am Pool vor mich hin dösen und von Marvin träumen.

Als wir in der Wüste ankommen, werden wir von ein paar finster aussehenden jungen Kerlen begrüßt, die sich als unsere Kamelführer entpuppen. Bille begrüßt sie überschwänglich und erklärt uns ausführlich, wie wir mit den Tieren umzugehen haben. Mein Kamel Nomi finde ich auf Anhieb supersüß und äußerst geduldig, wie es da so im Liegen auf mich wartet, bis ich umständlich aufgestiegen bin. Bille wuselt die ganze Zeit hin und her und fotografiert. Meine Eltern haben ihr extra eine Digi-Kamera gegeben, damit sie später von meinem aufregenden Ausflug Bilder haben – sie knipst und knipst und knipst.

Und dann geht es los! Es fühlt sich ziemlich wackelig an und sehr hoch. Nein, es fühlt sich nicht nur sehr hoch an, es IST sehr hoch, doch bald habe ich mich an den schaukelschwingenden Gang von Nomi gewöhnt. Ein Mädchen aus unserer Gruppe kreischt, dass ihr schlecht wird, ein anderer verlangt nach Bier. Ich halte Ausschau nach Norbert, doch der sitzt in aller Seelenruhe im Sattel, als ob es das Normalste, Unspektakulärste wäre, was er je erlebt hat. Seltsamer Typ!

Ich dagegen bin völlig aus dem Häuschen und fasziniert von der Weite der Wüste, so toll hatte ich mir diesen Ritt überhaupt nicht vorgestellt. Als wir nach drei Stunden Rast machen und unser Lager in den Dünen bereiten, weiß ich, dass ich immer wieder hierherkommen möchte. Das Essen dann ist der Hammer, auch wenn die Tische eigentlich unsere Kamelsättel sind und mir die Kameltreibertypen mit ihrem dauernden Gehuste und Gespeie beinahe den Appetit verderben.

„Ist das nicht großartig?", fragt mich Bille, als wir später nebeneinander in Kameldecken gekuschelt auf weichen Matten liegen. Über uns der Sternenhimmel, tiefschwarz, mir scheint, die Sterne funkeln um die Wette … „Millionen von Sternen, Millionen von Menschen. Und du bist einer davon", meint sie versonnen.

„Ja", antworte ich, ich fühle mich rundum zufrieden und glücklich wie lange nicht mehr. Sich alleine inmitten von vielen zu fühlen, kenne ich. Seit ich denken kann, bin ich eher die Außenseiterin als der Mittelpunkt einer Gruppe. Aber hier mitten in der Wüste zwischen den leise vor sich hin schnaubenden Kamelen macht es mir gar nichts aus. In diesem großartigen Moment vergesse ich sogar, wie sehr ich in den letzten Tagen meine ChaCha-Freunde vermisst habe, insbesondere *PeggySue* und *Erdbeermuffin*.

Die Wirklichkeit holt mich jedoch zwei Tage später in der Hotellobby eiskalt ein. Nämlich in Form von Norbert, genauer gesagt seinem iPad, das er mir unter die Nase hält.

„Bist du das wirklich?", fragt er mich und ich sehe mich im Bikini, lässig auf einem quietschrosa Handtuch rekelnd.

Ungläubig zwinkere ich mit den Augen, kneife mich dreimal und muss genauer hingucken.

„Ich kann mich nicht erinnern", antworte ich kopfschüttelnd, „erstens besitze ich weder einen Bikini noch so ein Handtuch und erst recht nicht solch eine Figur. Und zweitens …" Ich breche ab, weil so langsam die Centstücke durch meine Hirnschlitze tickern. Klar, ich erkenne die Sonnenbrille in meinem Haar, das war auf Doreens Geburtstag, als wir um die Wette Popcorn am Pool gefuttert haben. Aber wie?!

Norbert grinst mich vielsagend an. Er klickt ein bisschen weiter und hält mir abermals das Tablet unter die Nase.

Geiler Bikini!, ist noch der netteste Kommentar zu meinem Foto, den ich lese. *Geile T…*

Ich will auch mal mit dir naschen!

Tränen schießen mir in die Augen. „Wer macht denn so etwas?!", stammele ich hilflos und kann mir gleichzeitig schon denken, wem ich diesen Beitrag zu verdanken habe.

Norbert zuckt mit den Schultern. „Am besten ignorierst du das und klickst gar nicht mehr rein. Wenn du sowieso nicht auf Facebook bist, bekommst du das ja auch gar nicht mit."

Lies alles über das Recht am eigenen Bild in Kapitel 15, S. 159.

Alle gegen eine 6

„Johanna, wo bleibst du denn!" Die Stimme meiner Mutter klingt ärgerlich. „Du verpasst schon wieder den Bus und ich darf dich dann wieder fahren!"

„Komme ja schon!" Ich stürme die Treppe hinunter, deren Stufen ich inzwischen in traumwandlerischer Sicherheit beherrsche, ignoriere das Glas Milch, das sie mir hinhält, und hetze zum Bus, den ich wie immer in allerletzter Sekunde erwische. Alina wartet längst nicht mehr auf den Trittstufen auf mich, seit ich sie nicht mehr besuche, und sagt mir kaum noch Hallo. Eigentlich tut es mir leid, ich würde gerne mal wieder auf dem Trampolin hüpfen und Lasagne futtern, aber leider habe ich überhaupt keine Zeit dafür.

Müde lasse ich mich auf den nächstbesten Sitz plumpsen, ich habe die letzte Nacht mal wieder viel zu lang gechattet, deshalb bin ich heute Morgen kaum aus den Federn gekommen. Aber nach den Ferien gibt es so viel zu erzählen! Wir sind zwar schon längst wieder zurück und mein Schülerinnenalltag hat mich wieder, aber in meinem Account waren so viele E-Mails und Kommentare aufgelaufen, da brauche ich mehrere Tage, um alle zu beantworten. Ich hatte die ganze Zeit in meiner jordanischen Offline-Zeit das Gefühl, dass ich etwas verpasse, und zum Schluss habe ich es schließlich kaum noch erwarten können, mich wieder einzuloggen. Die letzten beiden Tage in Jordanien waren furchtbar.

> *Ob ich in der Wüste war?! Wie es ist, im Toten Meer zu schwimmen, und ob das überhaupt geht? Wie das Essen war?! Mit welcher Airline wir geflogen sind? Was ich alles dabeihatte?! Was mein schönstes Erlebnis war? Wie ich es ohne ChaCha so lange ausgehalten habe.*

Hätten meine Eltern mir das Handy erlaubt, hätte ich wie Norbert live aus der Wüste posten können. Obwohl es manchmal auch sehr merkwürdig anmutete, dass Norbert selbst auf dem Kamelrücken oder am Pool nur über sein iPad gebeugt war. Ich habe dann eben später zu Hause einen ausführlichen Beitrag über meine Kamelsafari und meine fantastischen Erlebnisse unter dem funkelnden Sternenhimmel in der Wüste geschrieben.

Bille hat von mir viele wunderschöne Fotos gemacht, die meine Eltern sogar zu einem stimmungsvollen Panoramaposter haben zusammenstellen lassen. Dieses hängt jetzt, gerahmt und beleuchtet, im Flur. Und weil mir *Chicki1999* nicht glaubte, dass man auf Kamelen reiten kann, stellte ich zum Beweis ein paar Safarifotos von mir auf meine Seite, natürlich nur sichtbar für meine Freunde. Seit diesen doofen P- und B-Bildern bin ich nämlich vorsichtig geworden mit dem, was ich sage und schreibe. Nicht, dass irgendjemand wieder auf die Idee kommt, sich darüber lustig zu machen, bzw. in irgendeiner Art und Weise versucht, meine Bilder zu manipulieren.

Norbert hat glücklicherweise recht gehabt, in den Portalen, in denen ich unterwegs bin, ist von meinem vermeintlichen Biki-ni-Foto nichts zu entdecken und so versuche ich, nicht weiter darüber nachzudenken, warum einer oder eine von Doreens Partygästen solch eine gemeine Fotomontage von mir ins Netz gestellt hat. Kurz habe ich überlegt, Doreen und Krizia des-wegen anzusprechen. Weil die beiden aber nach den Ferien so getan haben, als wäre nichts passiert, und mit mir ganz normal und so wie früher die Pausen verbringen, habe ich es gelassen. Ich bin froh, dass dieses unglückselige Silberarmband nicht mehr zwischen uns steht und sie mich mit ihren Bemerkungen in Ruhe lassen. Doch als ich heute in die Schule komme, ist plötzlich alles anders.

„Wie kannst du nur", empfängt mich Doreen, als ich die Trep-pe hinauflaufe.

„Die armen Tiere", macht Krizia weiter, „bei deinem Ge-wicht!"

„Hä, was meint ihr?" Ich verstehe nur Bahnhof.

„Kamelsafari", antwortet sie knapp. „Oder bist das nicht du, die in diesem blauen Walla-Walla-Gewand auf einem Kamel reitet?"

„Äh … ja … woher wisst ihr?", stottere ich. Ich kann mich nicht erinnern, ihnen die Fotos gezeigt zu haben. Doch statt einer Antwort ernte ich nur blödes Gekicher.

In der folgenden Englischstunde tuscheln die beiden in jeder unbeobachteten Minute hinter Baneks Rücken und checken ihr Handy. Doreen hat offensichtlich eine Nachricht samt Bild verschickt, zumindest kichert bald die gesamte Klasse. Dass der Banek Steigerungsformen wiederholt, bei denen es um *big – big-ger – the biggest* geht, macht es für mich auch nicht besser. Denn ganz klar bin ich Zielscheibe ihrer blöden Späßchen. Schon wieder! Und ich hatte gehofft, es hätte aufgehört.

Als ich in der Pause versuche, Doreen und Krizia zur Rede zu stellen, tun sie so, als hörten sie mich nicht, und gehen einfach weiter.

„Hey, was habe ich euch denn getan?", rufe ich ihnen hinterher.

„Süßer die Höcker nie schwingen", grölt Nicolas, als er an mir vorübergeht, und das ist der Moment, in dem ich ihm am liebsten eine geknallt hätte. Doch bevor ich ihn erwischen kann, ist er ausgewichen und streckt mir die Zunge raus.

„Blödmann!", rufe ich ihm hinterher.

Von da an wird es für mich in der Schule immer schwieriger. Waren es vorher kleine Sticheleien, die mir das Leben schwer machten, erlebe ich jetzt hämische Anfeindungen und Bemerkungen, die teilweise echt unter die Gürtellinie gehen. Krizia und Doreen versorgen die Mädchen aus unserer Klasse mit Details über mein Privatleben – oder woher wissen die anderen, dass ich noch nicht meine Periode habe? Dass es in meinem neuen Zimmer einen tollen Plüschteppich gibt? Nur die beiden waren zu einer kleinen Einweihungsparty zu Besuch da, aber da haben sie unseren Bungalow in den höchsten Tönen bewundert. Und jetzt? Jetzt singen sie immer, wenn ich an ihnen vorübergehe, *Die Karawane zieht weiter, der Sultan hat Durst, der Sultan hat Durst …*

„Ja, und?", versuche ich, mich zu verteidigen, als sie mal wieder laut darüber spekulieren, ob ich was mit dem Sultan von Kohlrabien hätte, weil er auf meine Höcker steht. „Ihr seid ja nur neidisch!"

Aber das ist genau die falsche Antwort.

„Ach ja, meinst du?", sagt Krizia und funkelt mich abschätzend von oben bis unten an. „Ich wüsste nicht, worauf! Am Ende sind die gar nicht echt", macht sie weiter und deutet auf mein Dekolleté. „Weiß doch jeder, dass die Superreichen eine Schönheits-OP nach der nächsten haben …"

Ich atme tief durch. „Ihr seid so was von gemein!", fauche ich ihnen entgegen und funkele sie wütend an.

„Das hast du nun davon", meint Krizia und will Doreen am Ärmel mit sich ziehen.

Doch ich bin schneller und halte sie fest.

„Was habe ich wovon?", will ich wissen. „Was habe ich denn getan, dass ihr alle gegen mich seid? Bis vor Kurzem waren wir doch Freundinnen, oder?"

„Waren wir das?" Ich ernte einen abschätzenden Blick von Krizia. „Du meinst, nur weil wir ein paarmal in den Pausen zusammen auf der Bank gesessen haben und du Doreen ein teures Geschenk gemacht hast, sind wir Freundinnen?"

Wow, das sitzt. Betroffen gucke ich zu Doreen, doch die schweigt eisern. Irgendwie kann ich das nicht auf mir sitzen lassen, nach ihrer Party tat sie doch so dicke mit mir und war so glücklich mit dem Silberarmband.

„Jetzt sag du doch auch mal was", mache ich sie an, „ich dachte, wenigstens du hältst zu mir!"

Da schüttelt Doreen den Kopf, murmelt was von wegen „tut mir leid" und stürzt hastig davon.

„Da siehst du es!", triumphiert Krizia. „Und jetzt lass sie in Ruhe, du merkst doch, dass sie mit dir nichts zu tun haben will!"

Mit diesen Worten läuft sie ihrer Freundin hinterher.

Fassungslos stehe ich da. Ich kann nicht glauben, dass ein Wüstenfoto von mir reicht, um solch gemeine Wellen zu schlagen. Doch in den nächsten Tagen muss ich leider begreifen: Es tut es. Denn egal, wo ich hinkomme, bemerke ich heimliches Getuschel, gehen die Grüppchen schnell auseinander, spüre ich hämische Blicke auf mir.

Einige Male versuche ich noch, Doreen abzufangen und sie zur Rede zu stellen. Aber immer wieder weicht sie mir aus oder Krizia taucht sofort wie ein Schatten neben ihr auf. Irgendwann gebe ich auf und versuche, die gemeinen Attacken der anderen zu ignorieren.

Das schaffe ich nur, weil ich mich tagsüber ohnehin wie ein Zombie fühle. Was daran liegt, dass ich mitunter die halbe Nacht digital unterwegs bin und mit meinen Freunden chatte. In einer Art Halbschlaf gefangen, bekomme ich dann während des Unterrichts kaum mit, was die Lehrer vorne an der Tafel erzählen, und döse unbemerkt vor mich hin. Zum Glück weiß ich aber meistens, wenn sie mich aufrufen, die richtige Antwort und habe bisher noch keinen Eintrag von wegen Unaufmerksamkeit kassiert. Nicht auszudenken, wenn meine Eltern zu einem Gespräch geladen würden! Aber es wird zunehmend schwieriger für mich, meine sehr guten Noten zu behalten, gestern habe ich die erste Drei in Mathe kassiert, seit ich auf diese Schule gehe. Schriftliche Arbeiten oder Referate dagegen sind weniger ein Problem. Dank ChaCha bekomme ich jede Information, die ich brauche, um meine fünf bis zehn Seiten über ein spezielles Thema abzuliefern.

Eine Sache macht mir dabei ernsthaft zu schaffen: diese ständigen Kopfschmerzen. Wenn ich mich im Unterricht melde und

Bescheid sage, darf ich zwischendurch raus an die frische Luft. Danach geht es dann wieder für ein, zwei Stunden.

Marianne ist die Erste, die mich darauf anspricht, als ich mir wieder mal Tabletten aus dem Schrank hole. Ob ich krank werde oder mich nicht gut fühle, ich sei in letzter Zeit auffallend blass. Nicht, dass ich wieder unter Immunschwäche leiden würde … Daraufhin erzähle ich ihr was von wegen Schulstress, aber das scheint sie mir nicht zu glauben. Anders kann ich mir nicht erklären, dass mich meine Mutter eines Abends beim Essen anspricht, da sind wir schon fünf Wochen aus Jordanien zurück.

„Marianne hat erzählt, dass du in letzter Zeit wieder öfters unter Kopfschmerzen leidest und Tabletten nimmst", sagt sie besorgt. „Warum hast du uns nichts davon gesagt? Ich finde, wir sollten zu Dr. Gottstein gehen und das abklären lassen, bei deinen schwachen Abwehrkräften."

„Ach, lass nur, das ist halb so wild", wehre ich ab. „Ich habe nur einfach so fürchterlich viel für die Schule zu tun." Was ja nicht gelogen ist, jetzt, so kurz vor den Weihnachtsferien, ziehen die Lehrer richtig an und ich muss mir ordentlich Mühe geben, um mitzuhalten. Nicht auszudenken, wenn meine Mutter Wind davon bekommt, dass meine Noten auf Talfahrt sind. Zum Glück ist sie derzeit in ihrer Bank dermaßen eingespannt, dass sie letztens sogar vergessen hat, mich Chinesisch-Vokabeln abzufragen.

„Dann ist ja gut!" Mama guckt mich noch einmal prüfend an, dann wendet sie sich wieder dem Gemüseauflauf auf ihrem Teller zu.

Als ich dann auf meinem Zimmer bin, logge ich mich sofort wieder ein. *Goldmarie* hat zwanzig neue Kommentare und anstatt mich noch hinter meine Physik-Hausaufgaben zu klemmen, verbringe ich die nächsten fünf Stunden mit meinen Freunden im Internet.

Hilfe, wir ziehen um. Was soll ich machen?, schreibt *Erdbeermuffin*.

Du Arme, schreibe ich zurück, *aber zum Glück hast du ja uns, wir sind immer und überall für dich erreichbar.*

Zurück kommt: *Es sei denn, du bist für zwei Wochen im Urlaub.*

☹ *was kann ich dafür, wenn meine Eltern mir kein WLAN erlauben.*

Mach's doch heimlich.

Tu ich doch! ☺

Wie findet ihr meine selbst gestrickte Tasche?, fragt *Oktave*.

Gruselig, schreibt *Popcorn*.

Geilomat, wie geht denn so was?, will *Tirili* wissen.

So geht es eine Weile hin und her, ich erhalte eine komplette Strickanleitung für eine Strick-Filz-Tasche (wann soll ich das bitte machen?!); von *Carokaffee* eine Einladung für einen Privat-Chat und *Angel3* unterhält sich mit mir über ihr Lieblingsthema „Kamele". Als ich um zwei Uhr morgens den Laptop runterfahre, bin ich hundemüde. Gleichzeitig verspüre ich einen großen Durst, weshalb ich noch einmal in die Küche gehe, um mir ein Glas Wasser einzuschenken. Es ist inzwischen nicht ungewohnt für mich, nachts allein, heimlich, still und leise durchs Haus zu schleichen. Am Anfang habe ich mich kaum zurechtgefunden, aber inzwischen kenne ich sämtliche Ecken und Kanten und umschiffe sie mit traumwandlerischer Sicherheit. Ich weiß, dass Marianne die Geschirrhandtücher zum Trocknen gerne über die Stuhllehne hängt und sie mir zwischen die Füße fallen, wenn ich mich zu schnell bewege. Und ich weiß, wo sie die Nachtischreste aufhebt …

Als ich dann in meinem Bett liege, kann ich nicht einschlafen. Der Schokopudding liegt mir im Bauch, zudem kreisen unzählige Gedanken in meinem Kopf, Bilder von Kamelen mit Stricktaschen wandern vor meinem inneren Auge vorbei. *Gilberts* Kompliment hat gutgetan, ich habe ihm mit wenigen Worten eine für ihn komplizierte Matheaufgabe erklären können.

Warum kann es in der Schule nicht auch so sein, denke ich seufzend und wälze mich auf die andere Seite. Dort ist es so, als hätte ich niemals Freunde gehabt, die täglichen Pausen sind zu einem Spießrutenlauf geworden. Inzwischen bekomme ich auch blöde Anrufe à la „Hier ist die Wüste Sahara, mit welchem Kamel sprech ich?".

Am nächsten Morgen fühle ich mich sooo müde. Wenn ich an die Schule und das Gemobbe denke, wird mir schlecht, ich will nicht aufstehen! Da piepst eine neue Nachricht. Ächzend angle ich mein iPhone vom Nachttisch. Was ich dann sehe, lässt meinen Magen erst recht krumpeln: Nicolas hat mir einen Link zu einem Kamel-Frauen-Umrechner geschickt. Ich sinke in die Kissen. Ich kann nicht! Ich KANN EINFACH NICHT MEHR. Ich schließe die Augen und fasse den Entschluss, im Bett zu bleiben. Wir schreiben zwar eine Mathearbeit, aber die muss ich dann eben nachholen. Mama kommt rein und fühlt mir besorgt die Stirn, aber ich bin nur müde und möchte am liebsten nur schlafen, schlafen, schlafen. Außerdem ist mir übel, aber das kommt wohl von der Riesenportion Schokopudding zu später Stunde – oder vom Ärger?

„Marianne kommt nachher und schaut nach dir", sagt meine Mutter und stellt mir ein Glas Multivitaminsaft auf den Nachttisch. „Wenn es dir nicht bald besser geht, soll sie mit dir zu Dr. Gottstein gehen. Ich bin in einem wichtigen Meeting, aber du kannst mir jederzeit eine Nachricht schicken, wenn etwas ist, versprochen?" Sie guckt mich aufmunternd an, in der einen Hand das Handy, mit den Gedanken ist sie schon in ihrer Bank.

„Wird schon", murmele ich und drehe mich auf die andere Seite. Erst werfe ich mich noch ruhelos hin und her, aber irgendwann muss ich dann tief und fest weggeratzt sein.

Ich werde wach, als Pfefferminzteeduft in meine Nase steigt.

„Na, wie fühlst du dich, Langschläferin?", begrüßt mich Marianne. „Andere treffen sich jetzt zu Kaffee und Kuchen." Sie lächelt mir aufmunternd zu und schiebt mir einen Honigtoast hin.

Gähnend setze ich mich auf, so langsam komme ich wieder auf der Welt an und verstehe, dass ich den Vormittag verschlafen habe. Es fühlt sich gut an. Genüsslich verputze ich das Brot, schlürfe den heißen Tee dazu und überlege gerade, wie ich es wohl am besten anstelle, dass ich die restliche Woche auf diese Weise verbringen kann, als es unten an der Haustür klingelt.

Kurz darauf steht meine Cousine Klara in meinem Zimmer.

„Hallo, Jenny! Wie geht es dir?", ruft sie zur Begrüßung und umarmt mich, als wäre es das Normalste der Welt, dass sie einfach so, mitten am helllichten Tag und als ob unsere Familien nicht zerstritten wären, hier bei mir zu Hause auftauchen würde.

„Selber hallo", gebe ich zurück und befreie mich aus ihrer Umarmung. „Was machst du denn hier?"

„Und was machst du um diese Uhrzeit immer noch im Bett? Schule schwänzen, oder was?" Sie mustert mich aufmerksam, dann deutet sie mit dem Kopf Richtung zugeklapptem Laptop. „Nö, wie kommst du denn auf die Idee?" Ich grinse sie breit an, kann aber nicht vermeiden, dass ich rot anlaufe, denn genau den wollte ich als Nächstes anschalten.

Ich mochte Klara schon immer, allein weil sie immer so schräg und bunt und fröhlich angezogen ist. Ihr Hobby ist nämlich das Designen von Glasperlenschmuck – und entsprechend hat sie immer wunderschöne Gebimsel an Ohr, Hals und Fingern. So auch heute, wo sie dunkelviolett gekleidet ist und nur zwei schlichte Silberringe mit jeweils einer dicken weißen Perle im Ohr trägt.

„Aber richtig doll krank bist du doch auch nicht, oder?" Erneut fühle ich mich von oben bis unten ausführlich betrachtet, bevor sie fortfährt. „Ich wollte dich *persönlich* fragen, ob du immer noch Klarinette spielst und Lust hast, an Silvester unseren französischen Tanzabend im *Change* zu begleiten, mit irgendwelchen Jazz-Klassikern, du weißt schon."

Typisch Klara, denke ich innerlich grinsend. Da habe ich ihre E-Mails ignoriert und prompt steht sie livehaftig auf der Matte. „Wie? Das fragst du mich doch wohl nicht im Ernst!" Ich glaube, ich höre nicht richtig! Da verbieten mir meine Eltern, ins *Change* zu gehen, liegen mit Familie Hausinger im jahrelangen Rechtsstreit und meine Cousine steht in meinem Zimmer und fragt mich einfach, ob ich bei ihr im Jugendtreff auftrete.

„Es ist mein vollkommener Ernst", antwortet Klara schlicht. „Nur weil unsere Eltern sich bekriegen, müssen wir es noch lange nicht tun. Echt, tu mir doch den Gefallen, du bist die Einzige, die mir einfällt. Und wir haben so lange nichts gemeinsam mehr auf die Beine gestellt."

„Mama und Papa kriegen die Krise!", sage ich. „Sie machen ja jetzt schon ständig Stress, wenn ich mich mit einer Freundin treffen will, nur weil ich in letzter Zeit keine gute Noten mit nach Hause bringe. Halt ich korrigiere: Keine SEHR guten Noten."

„Und warum?", hakt Klara alarmiert nach. Wieder guckt sie mich so prüfend an.

„Ich meine: Warum sind deine Noten nicht mehr sehr gut?"

„Weil ..." Ich schüttele den Kopf und winke ab. „Ach, das verstehst du nicht."

„Ich verstehe eine ganze Menge", erwidert sie ernst. „Und dass du unglücklich bist, weiß ich, seit ich hier in deinem Zimmer stehe. Also, raus damit, was ist los?" Sie guckt mich aufmunternd an, ihre Augen sind warm und freundlich und ich weiß gar nicht, was meine Eltern gegen sie haben. Klara muss man einfach gernhaben. Trotzdem schweige ich vor mich hin.

„Es ist okay, wenn du nicht reden willst", sagt sie nach einer Weile behutsam, „vielleicht ein andermal. Komm einfach ins *Change,* okay? Da können wir reden. Überlege dir das mit der Klarinette, du würdest mir wirklich einen großen Gefallen tun! Und es wäre eine Chance für dich, mal auf einer richtig großen Bühne zu zeigen, was du alles draufhast. Denn dass du gut bist, weiß ich."

Ich nicke, dankbar dafür, dass sie nicht weiter nachbohrt und in mich dringt. Wir wechseln noch ein paar belanglose Sätze über unser neues Haus, den Umzug und die Wohngegend weit außerhalb der Stadt, dann verabschiedet sie sich hastig mit einem Blick auf die Uhr.

„Oh Mist, verdammt, ich komme zu spät zu unserer Medien-Gruppe", ruft sie.

„Medien-Gruppe?", frage ich.

„Hört sich toll an, gell?" Klara kichert wie eine Fünfjährige. „Na ja, da geht es darum, sich im Internet zurechtzufinden und mit ein paar Tricks noch sicherer zu surfen, als es die meisten ohnehin schon tun. Zum Beispiel hin und wieder den eigenen Namen zu googeln und solche Sachen … Komm doch auch mal vorbei, vielleicht erlauben es dir deine Eltern ja doch, wenn es um so eine wichtige Sache geht." Sagt es und drückt mir noch einen Kuss auf die Wange. Dann ist sie schon die Treppe runtergestürmt und nach draußen verschwunden.

Medien-Gruppe, pah!, denke ich, ich hab doch alles und mein Vater kennt sich bestens damit aus. Den eigenen Namen googeln? Aha … Ich stehe immer noch verwundert in meinem Zimmer. Auf so eine Idee muss man erst mal kommen! Hastig starte ich meinen Laptop und tippe meinen Namen in die Suchmaske.

Was sich dann auftut, verschlägt mir den Atem und macht, dass mir der Pfefferminztee samt Honigtoast wieder hochkommt:

Kamelgruppe Jenny

Hass-Gruppen gegen Jenny

Jenny-Kamel-Witze

Wer-nervt-mehr-als-Jenny?-Gruppe

Fotos, Fotos, Fotos

Und irgendwo steht, dass ich mit einem Scheich Sex hatte.

Erfahre mehr über Cybermobbing in Kapitel 17, S. 163.

7   Blind Date

Die nächsten Tage geht es mir dann überhaupt nicht gut und ich liege schlapp im Bett, was meine Eltern besorgt registrieren.

„Und ich dachte, hier draußen in der Natur würdest du nicht mehr so oft krank!", sagt mein Vater.

„Vielleicht hast du dir in Jordanien einen Virus eingefangen?", meint meine Mutter und schickt mich mit Marianne zu Dr. Gottstein, damit er mich gründlich durchcheckt. Aber außer einem leichten Infekt stellt dieser nichts fest – wie auch. Er verschreibt mir ein paar Mittelchen, hauptsächlich zur Stärkung des Immunsystems, und empfiehlt mir, es vor allem jetzt in der Weihnachtszeit etwas besinnlicher angehen zu lassen.

Der hat gut reden! Wie denn?! Erstens werde ich per E-Mail mit Hausaufgaben überladen, zweitens haben wir alle möglichen vorweihnachtlichen Events in der Schule und drittens lässt mir das, was ich da im Internet über mich herausgefunden habe, keine Ruhe. Dabei war ich der Meinung, ich hätte so viele Freunde!

Immer wieder checke ich meine E-Mails und Kommentare zu meinen zuletzt geposteten Beiträgen, alles lustig und unverdächtig. Obwohl es mir schwerfällt, widerstehe ich der Versuchung, erneut meinen Namen zu googeln und diese Gruppen aufzutun. Was soll es auch, ich kann mir sowieso schon denken, wer dahintersteckt: Doreen und Krizia, schließlich waren sie es auch, die auf dem Schulhof angefangen haben, gemeine Gerüchte über mich zu verbreiten. Schnell versuche ich, die aufsteigende Wut darüber zu verdrängen und meine Tränen hinunterzuschlucken, ich will einfach nicht daran denken.

Dr. Gottstein hat mir empfohlen, die komplette Woche im Bett zu bleiben, und mir ein entsprechendes Attest geschrieben. Das heißt im Klartext: Ich brauche nicht in die Schule zu gehen und erspare mir somit alle Kommentare. Außerdem kann ich von morgens bis abends machen, was ich will, denn Marianne wirbelt zwar durchs Haus, kümmert sich aber sonst nicht weiter darum, ob ich Langeweile habe oder nicht. Früher, als ich noch kleiner war, hat sie oft mit mir gespielt und stundenlang vorgelesen. Als ich dann mit fünf anfing, selbst zu lesen und sie ständig in ihrer Aussprache und Betonung zu verbessern, hat sie irgendwann damit aufgehört. Damals habe ich mir nichts dabei gedacht, heute weiß ich, wie sehr ich sie damit gekränkt habe. Schließlich kann sie nichts für ihren starken hessischen Dialekt. Aber unser Verhältnis ist seither nicht das allerbeste.

Im Vergleich zu sonst habe ich weniger Kommentare, komisch. Macht nichts, *PeggySue* ist dabei und *Erdbeermuffin* und so verbringe ich den restlichen Tag gemütlich im Bett – im Chatroom – mit dem Laptop auf den Knien. Meine Finger fliegen über die Tastatur, wir unterhalten uns über Stars und Sternchen, über leckere Teesorten und ob man zu Weihnachten etwas basteln MUSS. Wie immer tauschen wir Haarpflegetipps, zum Beispiel, dass man am besten immer zweimal wäscht, damit die Haare auch ja richtig sauber sind und die Styling-Reste entfernt sind. *Tirili* rate ich, die Pflegespülung nur in die Längen einzuarbeiten, erst mit den Fingerspitzen, dann mit einem feinen Kamm, damit gleichzeitig die Schuppenschicht geglättet wird.

Tinkerbell erzählt, dass sie sich aus dem Fell ihrer toten Katze eine Tasche genäht hat, und erntet prompt jede Menge feindseliger Kommentare, die noch schlimmer sind als all das, was ich bisher über mich lesen musste. Zwischendurch esse ich meinen Milchreis und erledige meine Hausaufgaben, übe Chinesisch-Vokabeln, damit meine Mutter keinen Grund zum Meckern hat. Weil ich jetzt tagsüber so viel surfe, brauche ich es nachts nicht zu tun. Das hat natürlich den angenehmen Vorteil, dass ich mich tagsüber wieder fitter und ausgeschlafener fühle.

Und dann bebt eines Tages die Erde. Genauer gesagt, kommt meine Mutter wutschnaubend in mein Zimmer gestampft und macht mir die Hölle heiß. Was mir denn einfallen würde, sie derart zu hintergehen und ihr Vertrauen zu missbrauchen. Dass ich faul und träge wäre und sie nicht wüsste, ob ich wirklich ihre Tochter bin.

„W-w-was habe ich denn getan?" Erschrocken gucke ich sie an und habe das erste Mal in meinem Leben Angst davor, dass sie mir eine scheuert.

„Das fragst du noch?", faucht sie mich an. „Ich hatte gerade ein Gespräch mit Frau Mertens, deiner Deutschlehrerin!"

Ich verstehe immer noch nicht so richtig, worum es geht.

Mama schaut mich kopfschüttelnd an. „Ein komplettes Referat abschreiben, einfach so! Johanna, was hast du dir nur dabei gedacht? Wie konntest du nur? Eine Sechs in Deutsch! Weißt du, was das heißt?"

Ich hole tief Luft, ich bin also aufgeflogen. Betreten senke ich den Blick und antworte nicht. Hätte ich mir ja auch denken können, dass Frau Mertens nicht so blöd ist und es merkt, wenn einer im Internet abschreibt.

„Schau mich an, wenn ich mit dir rede!" Meine Mutter atmet tief durch, bevor sie fortfährt: „Das kann sich nur um einen Zufall handeln, habe ich Frau Mertens erklärt. Aber sie glaubt nicht an Zufälle. Sie glaubt, dass du sie hast täuschen wollen. Täuschen. Mit einem Plagiat. Das ist so beschämend! Mach so was nie, nie wieder! Du setzt deinen guten Ruf aufs Spiel. Und unseren auch." Sichtlich um Fassung bemüht, nickt sie mir noch einmal zu. „Sieh zu, wie du das wieder hinbiegst." Dann ist sie aus der Tür verschwunden.

Völlig gebügelt bleibe ich zurück. Typisch Mama. Nicht die Sechs ist das Schlimmste, sondern die Tatsache, dass ich mich nicht wie eine von Gunzenbach verhalten habe. Wie auch immer, ich setze alles daran, am Montag so schnell nicht wieder in die Schule gehen zu müssen. Heimlich, als Marianne eines Morgens einkaufen ist, laufe ich draußen barfuß und nur im Nachthemd über die gefrorene Wiese. *Verflixt, ist das kalt!*, fluche ich innerlich, aber was soll's. Halsschmerzen und Fieber kann man nun mal schlecht simulieren. Als ich nach zwanzig Minuten meine Hände und Füße nicht mehr spüre, gehe ich zurück ins Haus. Dabei rutsche ich auf den spiegelglatten Terrassenfliesen aus und knalle auf den Po.

„Autsch", entfährt es mir. Erschrocken halte ich mir schnell die Hand vor den Mund, doch zu spät. Drüben regt sich was.

„Jenny, alles okay?", höre ich Frau Willmers Stimme. „Um Gottes willen, was machst du denn bei der Eiseskälte bei euch im Garten? Noch dazu im Nachthemd! Hast du dich ausgesperrt?"

So schnell, wie sie an der Hecke ist, hat sie mich garantiert schon die ganze Zeit über beobachtet. Mama hat also recht, wenn sie sich ständig belauert fühlt.

„Kneippkur, vom Doktor persönlich verordnet", rufe ich zurück und versuche, mir meine Schmerzen nicht anhören zu lassen. „Alles klar, keine Sorge, mir geht es bestens!"

Schnell krabbele ich auf allen vieren ins Haus zurück und schließe die Terrassentür. Soll sie bloß nicht auf die Idee kommen, mir nachzulaufen. Innerlich bete ich, dass sie sich nicht vor lauter Nachbarschaftshilfe verpflichtet fühlt, meinen Eltern Bericht über mein vormittägliches Treiben zu erstatten. Mühsam schleppe ich mich in mein Bett zurück, mein Allerwertester tut sauweh, ich kann kaum sitzen. Was soll's, denke ich, dann chatte ich eben im Liegen auf dem Bauch, kann ja auch nicht schaden. Doch diese Haltung macht, dass ich irgendwann müde werde und die Buchstaben vor meinen Augen verschwimmen.

Als ich aufwache, ist es draußen stockdunkel und mein Hals tut weh. Mission geglückt, denke ich zufrieden und rekele mich schläfrig im Bett. Wenn es mir morgen nicht besser geht, bedeutet das mindestens weitere drei Tage zu Hause. Und dann ist es nur noch eine Woche bis zu den Weihnachtsferien und ich habe erst recht Ruhe vor Schule, Feiern und blöden Sprüchen. Rasch will ich aus dem Bett springen, doch mein Hintern tut mir bei jeder Bewegung weh. Vorsichtig sortiere ich meine Knochen, und nachdem ich mich ein paarmal gereckt und gestreckt habe, geht es einigermaßen, bis auf ein leichtes Schwindelgefühl in meinem schummerigen Kopf. Ich streife mir meinen Bademantel über und gehe hinunter ins Esszimmer, wo meine Eltern offensichtlich gerade mit dem Abendbrot angefangen haben. Obwohl das Frühstück meine letzte Mahlzeit war, verspüre ich keinen Hunger.

„Hallo, Johanna, wir wollten dich nicht wecken, du hast so tief geschlafen!", empfängt mich meine Mutter, als ich ihr zur Begrüßung einen Kuss auf die Wange drücke. Sie schiebt mich ein Stück von sich weg. „Sag bloß, du hast Fieber?" Sie fühlt mir besorgt die Stirn, dann nickt sie. Innerlich frohlocke ich ein weiteres Mal an diesem Tag. Fieber! Das klappt ja besser, als ich zu hoffen gewagt habe.

„Ist nicht so doll", murmele ich und schleiche auf meinen Platz. Sie sollen bloß nichts merken.

„Also ich weiß nicht … Heute Morgen warst du doch so munter, da dachte ich, du bist über den Berg." Mama schüttelt den Kopf. „Da brütest du ganz schön was aus! Dr. Gottstein soll dir morgen ein richtiges Medikament gegen deinen Infekt verschreiben und nicht dieses pflanzliche Zeug."

Ich nicke mechanisch, mein Schädel brummt und mein Hals brennt wie Feuer. Kaum schmecke ich die Möhrensuppe, die vor mir auf einem Teller ist, dafür spüre ich beim Trinken, wie angenehm kühl das Wasser meine Kehle hinunterrinnt. Die Gespräche meiner Eltern ziehen an mir vorbei, ich fühle mich wie in Watte gepackt. Sie reden über die bevorstehenden Weihnachtsfeiertage, wie wohl mein Auftritt auf Papas Firmenfeier wird und wer wo mit wem feiert. Diesmal wollen sie sich natürlich eine große, besonders schön herausgeputzte Weihnachtstanne ins

Wohnzimmer stellen und am ersten Feiertag soll es ein festliches Fünf-Gänge-Menü geben, das Papa für alle zaubern will. Allerdings entzündet sich sofort ein Streit darüber, wer „alle" sein wird, denn Oma und Opa sind bereits bei Katja und Thorsten und den Enkelkindern eingeladen. Und der Familienkontakt mütterlicherseits ist seit der Hausinger-Erbschaftsgeschichte so gut wie eingefroren, da kommt nur Tante Kerstin infrage. Aber ob die im Lande ist und nicht wieder auf Fotosafari in Afrika, bleibt zu klären ... Vielleicht ein paar liebe Freunde? Aber Heike und Michael trennen sich gerade und die Dauschers sind immer so schwierig mit dem Essen, die mögen nur Hausmannskost und nicht Papas kreative Kreationen. Bleiben die Brauns, aber mit der kleinen Tochter ...?! Oder vielleicht besuchen wir doch Mamas Eltern, ist ja schließlich Weihnachten ... Und kochen das Menü am Heiligabend für uns allein?

Genervt schalte ich auf Durchzug. Hauptsache, ich bekomme nicht wieder einen Gutschein für ein Kinder-Wellness-Wochenende geschenkt, alles andere ist mir in Bezug auf Weihnachten dieses Jahr egal.

„Was wünschst du dir eigentlich?", fragt meine Mutter prompt.

Ich zucke mit den Schultern. Was soll ich ihr sagen? Dass ich mir wünsche, dass dieses heimliche Getuschel über mich aufhört? Dass ich gerne mal wieder zu Alina rübergehen würde, einfach so zum Chillen? Dass ich nie wieder Chinesisch üben muss?

Statt einer Antwort versuche ich ein charmantes Lächeln. „Das neue MacBook Pro", hauche ich, „mein altes ist viel zu langsam und der Akku hält nicht mehr ..."

„Liebes, du kannst doch jederzeit an den großen Rechner in der Mediathek gehen", meint meine Mutter und ich denke: Klar, aber da habe ich keinen Zugang zu ChaCha. Sie macht weiter: „Der große Bildschirm hat eine viel bessere Auflösung und ist viel gesünder für deine Augen ... außerdem ist er dreimal so schnell."

Aber mein Vater zwinkert mir zu und ich weiß schon: gewonnen! Wenn er etwas liebt, dann ist es neue Technik für sein Zuhause. Dankbar quetsche ich mich ausnahmsweise auf seinen Schoß, was er verwundert registriert, er ist sonst nämlich eher nicht der Kuscheldaddy und ich nicht die kleine anschmiegsame Tochter. Trotzdem tut es mir in diesem Moment unglaublich gut, dass er mich festhält und wenigstens dieses eine Mal sein piepsendes Smartphone ignoriert.

„Du glühst ja", sagt er leise. Dann spüre ich, wie er mich auf seine starken Arme hebt und die Treppe hinauf in mein Bett trägt.

Ich bekomme noch mit, dass mir Mama mithilfe eines Glas Wassers eine Tablette einflößt, dann falle ich in einen unruhigen Fieberschlaf.

„Marvin", rufe ich, „endlich!" Barfuß, wie ich bin, laufe ich einem blond gelockten Jungen entgegen, der mich stürmisch umarmt. „Achtung, mein Kleid", kichere ich, da kugeln wir schon ausgelassen über die Wiese wie kleine Hundewelpen. Immer wieder halten wir inne und küssen uns intensiv, dabei schauen wir uns tief in die Augen. Die Sonne steht hoch am blauen Himmel, mir ist glühend heiß.

„Komm, wir gehen schwimmen", schlägt Marvin vor, als

wir atemlos an einen kleinen See kommen. Bevor ich etwas erwidern kann, steht er schon in seiner Badehose vor mir. Rasch streife ich mein Kleid ab, froh darüber, heute Morgen bereits meinen Badeanzug angezogen zu haben. Er fasst mich an den Händen und zieht mich ins Wasser, wo wir uns gegenseitig nass spritzen und ausgelassen herumplanschen. Irgendwann geht uns die Puste aus, da legen wir uns rücklings aufs Wasser und lassen uns treiben. Es ist ein wunderschönes Gefühl, einfach so Hand in Hand, die warmen Sonnenstrahlen im Gesicht. Am liebsten würde ich für immer so liegen bleiben, doch Marvin zieht mich irgendwann raus an den Strand. Dort, am Ufer und mit den Füßen immer noch im Wasser, nimmt er mich fest in die Arme.

„Ich möchte für immer mit dir zusammen sein", flüstert er in mein Ohr. „Ich liebe dich."

Ich stelle mich auf die Zehenspitzen und sage: „Ich dich auch." Und dann küssen wir uns, endlos und lange. Ich spüre, wie mir der Boden unter den Füßen weggleitet, wie mir heiß und kalt auf einmal wird, wie alles um mich herum versinkt und mir das Wasser aus den Haaren – oder ist es Schweiß von der Sonne?! – in Strömen den Rücken hinunterrinnt.

„Jenny, Jenny", flüstert er immer wieder mit rauer Stimme, sie dringt stumpf an mein Ohr, dann wird sie immer lauter und macht, dass ich Kopfschmerzen bekomme. Schreckliche Kopfschmerzen.

„Jenny, Johanna, Kind, hörst du mich?" Es ist die Stimme meines Vaters, die da auf mich einredet.

Benommen rappele ich mich auf, gerade eben war ich doch noch halb nackt am See, im Badeanzug, mit Marvin. Es dauert eine ganze Weile, bis ich zu mir komme, und begreife: Ich liege in meinem Bett und hatte einen Fiebertraum.

„Wie fühlst du dich?", fragt meine Mutter besorgt. „So hohes Fieber hattest du noch nie! Trotz der Medikamente …"

Instinktiv greife ich mir an die Stirn. Wenn meine beiden Eltern hier gemeinsam an meinem Bett sitzen, müssen sie sich große Sorgen machen.

„Es geht schon", krächze ich mühsam hervor. „Mein Hals fühlt sich fürchterlich an und mein Schädel will explodieren." Dankbar nehme ich eine Tablette und trinke ein paar Schluck Wasser aus dem Glas, das mir Mama hinhält.

„Na dann", seufzt Papa erleichtert und richtet sich auf. „Jetzt schlafe dich ordentlich aus, danach geht es dir besser!" Er zwinkert mir aufmunternd zu, dann ist er auch schon aus meinem Zimmer verschwunden.

„Schlaf schön, Liebes", sagt meine Mutter und drückt mir einen Kuss auf die Haare. „Marianne ist unten, wenn du was brauchst. Wir beide müssen jetzt leider … es ist schon fast Mittag! Du weißt schon, die Pflicht ruft!" Sie nickt mir noch einmal zu, dann ist sie ebenfalls zur Tür hinaus.

Matt lasse ich mich ins Kissen zurückplumpsen. Ich wollte zwar noch ein paar Tage krankmachen, aber mich nicht so elend fühlen dabei wie jetzt. Waren wohl ein paar Minuten zu viel, denke ich seufzend, bevor ich erneut einschlafe. Diesmal träume ich nicht meinen albernen Kitschtraum von Marvin, sondern falle in einen tiefen Schlaf. Ich merke nicht, dass Marianne zwischendurch bei mir reinschaut und Fieber misst, ich bekomme nicht mit, dass meine Eltern nach Feierabend ebenfalls jeweils für ein paar Minuten an meinem Bett sitzen. Ich schlafe und schlafe. Als ich aufwache, ist es drinnen wie draußen stockdunkel, die Anzeige verrät mir, dass es zwei Uhr morgens ist.

Ich fühle mich jedoch putzmunter und ausgeschlafen, auch wenn mein Hals noch kratzt und schmerzt. Nachdem ich auf dem Klo war, schnappe ich mir meinen Laptop und schaue nach, was es für Neuigkeiten in der Community gibt. *PeggySue* schreibt, dass sie ebenfalls krank ist. *Erdbeermuffin* will wissen, wie sie ihre Matheaufgaben ohne mich lösen soll, wenn ich so oft offline wäre. *Oktave* postet ein Video von ihrer letzten Tanzaufführung und erntet von uns allen nur positive Kommentare.

Absolut negativ ist, dass viele *members* aus meiner Gruppe ausgetreten sind, ohne Angabe von Gründen und ohne blöde Kommentare, immerhin. Ich verabrede mich mit *PeggySue* in einem separaten Raum, aber sie weiß auch nicht, wer dahintersteckt und was der Grund sein könnte. Und dann passiert der Oberhammer: Ich habe einen Kommentar zu meinem Eintrag in der Single-Börse, den ich neulich aus Spaß erstellt habe, Absender, halte dich fest: *Marvin*. Natürlich reagiere ich sofort, weil ich wissen will, wer das ist. Das kann doch kein Zufall sein, denke ich immer wieder, denn sein Profil passt hundertpro zu dem Marvin aus meinen Träumen: blond, blauäugig. Er wohnt sogar hier ganz in der Nähe, wie er mir gesteht, da ist es schon fast fünf Uhr. Aber er will mir jedoch nicht sagen, welche Schule er besucht. Erst hatte ich noch Bedenken, mit einem wildfremden Jungen via Internet private Details aus meinem Leben auszutauschen. Aber die haben sich schnell gelegt, weil wir uns vom ersten Klick an so vertraut waren. Denn bei jedem

Satz, den ich schreibe, habe ich das Gefühl, er versteht mich ohne große Erklärungen, er fühlt und denkt genauso wie ich und spielt sogar Klarinette. Als ich offline gehe, ist es so, als würden wir uns schon ewig kennen, zufrieden und glücklich schlafe ich ein.

„Guten Morgen, Johanna, geht es dir besser?" Die Stimme von Marianne dringt an mein Ohr. Klirrend stellt sie ein voll beladenes Tablett auf meinem Nachttisch ab. Nachdem sie die Gardinen aufgezogen hat, fällt ihr Blick auf meinen Laptop, den ich einfach neben meinem Bett habe stehen lassen.

„Offensichtlich ...", meint sie lapidar. „Ich soll dir von deinen Eltern bestellen, dass du ihnen eine Nachricht schicken sollst, sie versuchen, heute Abend früher nach Hause zu kommen. Du sollst aber noch mal zu Dr. Gottstein gehen, deine Mutter hat einen Termin für dich um elf Uhr ausgemacht."

Ich verziehe das Gesicht. „Aber ich fühle mich gar nicht mehr krank. Und Fieber habe ich auch keins mehr. Was soll ich da bei Dr. Gottstein?" Genervt trinke ich einen Schluck von dem frisch gepressten Orangensaft.

„Eigentlich hast du recht", meint Marianne und schüttelt meine Bettdecke auf. Dabei nickt sie Richtung Laptop. „Dann sage ich den Termin ab und du schickst deinen Eltern eine entsprechende Nachricht. Abgemacht?"

„Abgemacht!" Ich grinse sie dankbar an, dabei weiß ich genau: Das ist reiner Eigennutz, denn Marianne hasst es, wenn sie mit mir gemeinsam irgendwelche Besorgungen erledigen muss. Das war früher so, als ich kleiner war und sie mich mit zum Einkaufen nehmen oder auf den Spielplatz begleiten musste. Und das ist heute so, wenn sie mit mir zum Arzt gehen soll.

Wir klären noch kurz, was ich mir zum Mittagessen wünsche – Nudeln mit Soße, was sonst! –, dann ist sie auch schon zur Tür hinaus verschwunden.

Nachdem ich gemütlich und ausführlich gefrühstückt, mir eine ausgiebige Dusche und frische Klamotten gegönnt habe, fläze ich mich auf meinen Teppich und starte meinen Laptop. Natürlich sind all meine Freunde aktuell nicht online, weil sie alle in der Schule sind. Alle, außer Marvin, wie ich zur meiner Überraschung feststelle.

>*Hey, was machst du denn hier?!*
>
>*Und du?*
>
>*Bin wieder gesund, hurra, aber schone mich noch ein bisschen. Bist du auch krank?*
>
>*Ja, und wie …*
>
>*Armer.*
>
>*Nee, Beiner.*
>
>*Was hast du denn?*
>
>*Dreimal darfst du raten.*
>
>*Husten.*
>
>*Nein.*
>
>*Fieber.*
>
>*Nein.*
>
>*Lungenentzündung.*
>
>*Nein.*
>
>*Was dann?!*
>
>*Ich bin liebeskrank.*

Es dauert eine Weile, bis ich kapiere, was er da schreibt. Da kommt die Frage:

>*Hey, bist du noch da?*

JA.

Ich würde so gerne wissen, wie du aussiehst. Schickst du mir ein Foto?

Einen kurzen Augenblick überlege ich, ob ich ein Selfie von mir hochlade. *Ich bin doch nicht blöd,* schreibe ich, *weiß doch jeder, was mit Fotos im Internet passiert!*

Schmerzvoll erinnere ich mich an die Kamelfotos von damals. Zum Glück liegt das inzwischen lang genug zurück, dass sich niemand mehr dafür interessiert. Und ich hoffe sehr, dass Marvin nicht auf die glorreiche Idee kommt, Bilder von *Goldmarie zu googeln.

Dann eben nicht.

Klingst beleidigt.

Bin ich auch. Aber ich weiß, wie du das wiedergutmachen kannst.

Und wie?

Triff dich mit mir!

Gute Idee, denke ich, obwohl sofort alle inneren Alarmglocken klingeln von wegen „Bescheidsagen" und „Nicht-an-abgelegenen-Orten-Treffen". Doch als Marvin vorschlägt, dass wir uns übermorgen um sechzehn Uhr auf dem Weihnachtsmarkt am Bratwursthäusl treffen könnten, willige ich, ohne lange darüber nachzudenken, ein. Am helllichten Tag, mitten auf dem Römer – was soll da schon schiefgehen?

Lies alles über Blind Dates im Internet in Kapitel 18, S. 165.

8   Voll gelinkt

Aufgeregt mache ich mich zwei Tage später auf den Weg zum Weihnachtsmarkt. Ich fühle mich zwar immer noch ein bisschen schlappi, aber weil ich mich unbedingt mit Marvin treffen wollte, habe ich alles darangesetzt, möglichst schnell wieder gesund zu werden und auf die Beine zu kommen. Sowohl Marianne als auch meine Eltern waren erstaunt über meine Wunderheilung, haben sich letztendlich aber darüber gefreut, dass es mir wieder besser geht. So stiefele ich nun, ausgestattet mit Strick-Beanie, Handschuhen und einer fetten Daunenjacke, durch die Eiseskälte. Innerlich glühe ich vor lauter Aufregung. Wie wird Marvin aussehen? Ist er wirklich so nett wie im Forum? Oder gehe ich einem schleimigen Typen auf den Leim, der mich nur doof anbaggern will? Allen Warnungen zum Trotz habe ich niemandem Bescheid gesagt, dass ich ein Blind Date habe. Meine Eltern denken, ich sei im Nachmittagsunterricht, weshalb ich heute später nach Hause komme. Nach der Sache mit der Sechs in Deutsch habe ich mit Frau Mertens ausgemacht, dass ich ein Referat über „Die Entstehung des Duden" halten werde, um meine Note zu retten. Und nach Mamas deutlicher Ansage gebe ich mir auch in den anderen Fächern wieder mehr Mühe.

Na und Doreen und Krizia brauche ich ja wohl nichts zu erzählen. Jede Wette haben sie mit diesen Anti-Jenny-Seiten zu tun. Und wenn sie mich so blöd finden, dass sie das im Netz breittreten müssen, ist es ihnen garantiert egal, wenn ich bei einem Blind Date gelinkt werde – im Gegenteil: Wenn sie es wüssten, würden sie es hämisch sofort im Netz posten. Nein danke!

Mein Herz bollert, als ich nun an den bunt beleuchteten Holzhütten vorbeimarschiere. Dabei halte ich ständig Ausschau nach dem Bratwursthäusel – und nach einem blonden Jungen. Aber sosehr ich mir auch Mühe gebe, ich entdecke niemanden. Vielleicht liegt es an diesem trüben Nachmittag, vielleicht auch daran, dass alle ihre Mützen tief ins Gesicht gezogen haben. Ich checke meine Uhr, na, kein Wunder, ich bin eine halbe Stunde zu früh.

Ich widerstehe der Versuchung, einen heißen Früchtepunsch zum Aufwärmen zu trinken. Nicht auszudenken, wenn mich Marvin mit so etwas Kindischem erwischen würde!

Endlich, endlich ist es so weit: Ich stehe zu der verabredeten Uhrzeit am Bratwursthäusl. Als Erkennungszeichen haben wir ein Pali-Tuch verabredet und ein paar Minuten später weiß ich auch, warum: Eine korpulente Gestalt mit wehendem weißem Gewand nähert sich dem Stand. Erst denke ich, es ist ein Weihnachtsengel, doch dann erkenne ich, dass es sich um einen Scheich handelt, der mich jetzt mit tiefer Stimme anspricht.

„Hallo, Goldmarie, bist du mein Date?" Er lächelt und ich würde ihm gerne in die Augen gucken, doch er trägt eine dunkle Sonnenbrille.

Seine Kopfbedeckung und der Schnurrbart machen, dass ich zudem sein Gesicht kaum erkennen kann. Ich spüre ein ungutes

Gefühl im Bauch. Noch kannst du abhauen und so tun, als würdest du diesen Typen nicht kennen, sage ich mir, doch zu spät.

„Schönes Tuch hast du", sagt er mit einer tiefen Stimme, die mir jetzt doch irgendwie bekannt vorkommt. „Schön, dass wir uns endlich kennenlernen."

„Hallo, Marvin", sage ich und im gleichen Moment weiß ich, dass dies nicht sein echter Name ist. „So heißt du doch, oder?", hake ich trotzdem nach.

„Was denkst du denn? Ist mein Nickname im Forum. Meinst du, ich sagen jedem, wie ich heiße? Du doch auch nicht …" Er lächelt mich wieder an, und obwohl er überaus charmant und höflich ist, macht sich eine große Enttäuschung in mir breit. Wie blöd kann eine eigentlich sein?! Ich dumme Kuh hatte doch tatsächlich erwartet, dass mein süßer, blond gelockter Marvin aus meinen Träumen vor mir steht. Und nicht so ein dicker Scheich, der jetzt was von politischer Verfolgung faselt und mich fragt, ob ich ihm denn nicht Asyl gewähren könnte, ich wüsste schon. Wie werde ich den jetzt wieder los? Einfach umdrehen und weggehen wäre das Einfachste. Aber das verbietet mir meine gute Erziehung. Also suche ich fieberhaft nach einer Ausrede, schließlich gilt es, mein Gesicht zu wahren und mich nicht als naives blondes Dummchen zu outen. Höflich bleiben, tickert es in meinem Kopf. Nicht auszudenken, wenn ich ihn beleidige und er wutentbrannt und mich verfluchend hinter mir herläuft.

„Ich heiße übrigens Nazim Bin Banal Al Aldiahya", stellt er sich jetzt formvollendet vor und reicht mir die Hand mit einer Verbeugung.

Noch ehe ich mich darüber wundern kann, höre ich ein *Klick!*

und lautes Kichern. Dann geht alles ganz schnell. Der Scheich umarmt mich, wieder werden wir fotografiert, er drückt mir zum Abschied einen Kuss auf die Wange, *Klick!, Klick!,* und ist dann, ehe ich überhaupt reagieren kann, in dem Weihnachtsmarktgedränge um mich herum verschwunden.

Tränen schießen mir in die Augen. Wie konnte ich nur so blöd sein!!! Welchem Idiot bin ich da denn auf dem Leim gegangen? Und wer hat da Fotos von uns gemacht?

Selber schuld, schimpfe ich mich selbst, was machst du auch solch einen Blödsinn und lässt dich auf ein Blind Date ein, wo du doch überall lesen kannst, wie gefährlich es ausgehen kann. Völlig irritiert mache ich mich auf den Heimweg. Das Pali-Tuch, das ich mir für diesen Zweck extra gekauft habe, schenke ich einer armen Bettlerin, die auf Pappkartons an der Ecke zur Haltestelle hockt. Als ich dann auf der Anzeige lesen muss, dass mein Bus erst in zwanzig Minuten kommt, breche ich heulend auf der Bank im Wartehäuschen zusammen.

„Hey, was ist denn mit dir?" Eine bekannte Stimme dringt an mein Ohr, und als ich aufblicke, schaue ich in das besorgte Gesicht von Klara. Ausgerechnet.

„Lass mich in Ruhe", sage ich schroff. „Das geht dich gar nichts an."

„Nein, lass ich nicht", antwortet sie ruhig, aber bestimmt. „Wenn du hier so alleine rumstehst und heulst, geht es mich sehr wohl was an." Sie setzt sich neben mich, reicht mir ein Taschentuch und ich schnäuze kräftig hinein. Dann wartet sie geduldig, bis ich mich beruhigt habe, bevor sie noch einmal nachhakt. „Also, lass mich raten, es hat etwas mit dem Typen zu tun, mit dem du dich gerade getroffen hast."

Verwundert gucke ich sie an. „Woher weißt du?", stammele ich.

„Reiner Zufall. Ich wollte mir eigentlich eine Bratwurst an meinem Lieblingsstand kaufen, aber als ich dich mit diesem, äh, Scheich, gesehen habe, wollte ich nicht stören …"

„Das war kein Scheich."

„Das weiß ich auch. Ich habe nämlich gesehen, dass seine Clique an der Seite auf ihn gewartet hat." Klara seufzt. „Wo hast du den denn kennengelernt?"

Wieder fange ich an zu heulen, diesmal, weil ich mich nicht traue, ihr die Wahrheit zu sagen, und mir oberoberdämlich vorkomme. Da bin ich seit Wochen im Netz aktiv, beachte alle möglichen Sicherheitsregeln – und dann falle ich auf den übelsten aller Tricks rein, nur weil sich einer „Marvin" genannt hat.

Als ich es auf ihr behutsames Nachfragen dann doch erzähle, entfährt ihr nur ein: „Mannomann, das hätte aber auch ins Auge gehen können."

Eine Weile sitzen wir schweigend da, mittlerweile bin ich komplett erfroren und spüre die Kälte überhaupt nicht mehr.

„Ich muss nicht erwähnen, dass du wahnsinniges Glück gehabt hast", sagt sie. Dann erzählt sie mir von Lisa aus dem *Change,* die ebenfalls noch mal mit einem blauen Auge davongekommen ist. „Stell dir vor, die hatte eines Tages eine Einladung von einer Modelagentur in ihrem Nachrichtenfach. Da hat sie sich natürlich riesig drüber gefreut, vor allem weil sie jede Menge Bilder von sich hochgeladen hatte und es ihr größter Traum ist, Model zu werden."

„Jaja, ich weiß schon und dann hat sie die Einladung angenommen und ist in einem Bordell gelandet, weil die Typen sie mit

K.-o.-Tropfen vollgepumpt haben", antworte ich genervt. „Die Sache ging durch die Presse."

„Aber wenn du das weißt, warum hast du dich dann auf dieses Treffen eingelassen?" Klara guckt mich verwundert an und schüttelt den Kopf. „Echt, da draußen gibt es so viele perverse Typen, die übers Netz unschuldigen Mädchen auflauern! Und hier hat offensichtlich jemand seinen Spaß daran gehabt, dich mit voller Absicht bloßzustellen."

Ich zucke mit den Schultern und schaue sie an. Wie soll ich ihr jetzt erklären, dass ich wirklich dachte, es sei Marvin, den ich da treffe. Alles war so schön, so stimmig, so toll mit ihm. Er wusste auf alles, was ich schrieb, eine passende Antwort, er gab mir das Gefühl, mich zu verstehen, und mit ihm fühlte ich mich nicht so alleine. Es war einfach perfekt.

Oder hat es sich nur so perfekt angefühlt, weil ich so alleine bin? Weil ich mich danach sehne, dass sich jemand für mich interessiert? Die Gedanken drehen sich in meinem Kopf.

Klara atmet hörbar aus, ihr Atem kringelt kalte Kreise in die Abendluft. Dann sagt sie: „Komm doch bitte ins *Change* in die Medien-AG, Jenny, da können wir über solche Angelegenheiten in Ruhe sprechen und dir gemeinsam helfen. Dann bist du … einfach nicht so furchtbar alleine damit."

„Da kommt mein Bus", sage ich statt einer Antwort und deute mit dem Kopf Richtung Scheinwerfer, die sich der Haltestelle nähern.

„Jenny, überlege es dir, bitte. Wir treffen uns mittwochs um siebzehn Uhr." Klara umarmt mich ganz fest zum Abschied. „Und wenn Bilder von dir und diesem Scheich im Netz auftauchen: Vergiss es, klick sie weg und reagiere einfach nicht …"

„Ich versuch's ..." Schnell befreie ich mich aus ihrer Umarmung und steige in den Bus. Als ich mich erleichtert auf die Sitzbank plumpsen lasse, stelle ich fest, dass ich mich noch nicht einmal bei Klara bedankt habe und ich ihr immer noch eine Antwort wegen meines Klarinettenauftritts schuldig bin.

Zu Hause empfängt mich ein Gewitter der Extraklasse, weil ich nicht Bescheid gesagt habe, dass ich so spät nach Hause komme.

„Du weißt, wie wichtig uns das gemeinsame Essen ist", schimpft meine Mutter mit ernster Miene. „Da sitzen wir und warten und warten und die Dame hält es noch nicht einmal für nötig, uns zu informieren. Wozu hast du denn dein Handy?"

„Wir haben mehrfach versucht, dich anzurufen ...", macht mein Vater weiter. „Warum hast du es ausgeschaltet?"

Ich zucke betreten mit den Schultern. Ich wollte ungestört sein mit Marvin, da habe ich es einfach ausgemacht und mir nichts weiter dabei gedacht.

„Also, ich höre, was hast du als Entschuldigung für dein ungezogenes Verhalten zu sagen?" Mein Vater guckt mich streng an. Merkt der denn nicht, dass ich völlig müde und durchfroren bin? Bauchschmerzen habe ich außerdem.

„Gar nichts", murmele ich. Wie soll ich ihnen auch erklären, wo ich herkomme und weshalb ich mich so verspätet habe. Da fällt mir plötzlich Klara ein.

„Ich habe Klara getroffen ...", beginne ich langsam, um abzuchecken, ob das wohl als passende Ausrede taugt.

„Klara Hausinger?" Mama runzelt alarmiert die Stirn und guckt Papa bedeutungsvoll an.

Ich nicke und traue mich erst mal nicht, etwas zu sagen. Ich gucke zwischen beiden hin und her.

„Und, was wollte sie von dir?", hakt Papa nach.

„Sie hat gefragt, ob ich noch Klarinette spiele und ob ich Lust habe, an Silvester bei einem Tanzabend im *Change* mitzuwirken", antworte ich wahrheitsgemäß. Dass die Anfrage schon eine Weile zurückliegt, muss er ja nicht wissen. Von der Medien-AG fange ich lieber erst gar nicht an.

„Natürlich machst du da *nicht* mit, das kommt überhaupt nicht infrage! Du spielst bereits auf der Weihnachtsfeier deines Vaters, das erfordert deine volle Konzentration." Mama schüttelt energisch den Kopf. Sie atmet tief durch. Dann sagt sie: „Also gut, Schwamm drüber, das konnten wir ja nicht wissen. Aber das nächste Mal lässt du dein Handy bitte an, damit wir dich erreichen können." Sie mustert mich ausführlich, bevor sie leise hinzufügt: „Was ist nur los mit dir, Johanna? Wenn du Probleme hast, können wir doch miteinander reden. Du weißt, dass du jederzeit zu mir kommen kannst."

Zerknirscht nicke ich mit dem Kopf. Dann setze ich mich an den Esstisch, wo Marianne mir einen Teller Penne al Arrabiata serviert. Hungrig fange ich an zu essen, während sich meine Eltern wieder einmal über das bevorstehende Weihnachtsfest austauschen.

„Ich werde ein paar Tage zwischen den Jahren freinehmen", sagt mein Vater, „dann können wir ja zusammen Skifahren gehen! Was meinst du, Johanna?" Er checkt auf dem iPad ein paar Hotels.

„Wie gerne würde ich mitkommen!", seufzt meine Mutter und sieht plötzlich sehr müde aus. „Aber der Jahresabschluss in der Bank … ihr wisst schon."

Jaja, ich weiß, denke ich resigniert. Alle Jahre wieder dieselbe Geschichte. Mama arbeitet nonstop, während mein Vater und ich eingeschneit in einem Edel-Hotel in den Bergen sitzen. Immerhin muss ich mit Papa keine Bikinis kaufen.

„Dann kannst du dich mal so richtig entspannen und von deiner Krankheit erholen", sagt meine Mutter. „Bevor du in der letzten Ferienwoche den Stoff der letzten Wochen nachholst." Sie guckt mich streng an. „Wenn ich die Sache richtig sehe, hast du in jüngster Zeit die Schule sträflich vernachlässigt, oder? Und das Chinesisch-Training erst recht. Deswegen habe ich Su Chin engagiert, sie wird mit dir ab jetzt regelmäßig Chinesisch lernen, die Vokabeln wiederholen und ein Auge auf deine Hausaufgaben haben."

Ich verziehe unmerklich das Gesicht. Ich hasse meine Mutter. Ich hasse Skifahren. Und noch mehr hasse ich Chinesisch. Aber habe ich eine Chance gegen meine Eltern und ihre Pläne? Und wie soll ich meiner Mutter erklären, dass ich im nächsten Zeugnis in Geschichte und Bio zum ersten Mal in meiner Schulkarriere eine Zwei kassieren werde und in Erdkunde sogar eine Drei, weil meine mündliche Beteiligung im Unterricht so schlecht geworden ist? Von Deutsch ganz zu schweigen, denn die Mertens hat sich von meinem perfekt ausgearbeiteten und präsentierten Referat über Konrad Duden leider nicht beeindrucken lassen, es gab eine Zwei. Ich glaube, sie wusste nicht, ob sie mir glauben soll, dass ich es diesmal wirklich selbst geschrieben habe. Soll ich meinen Eltern wirklich erzählen, welche Probleme ich zurzeit habe? Sie würden mich ja doch nicht verstehen und mich nur so schnell wie möglich zu einem Psychologen schleppen.

Ich muss mich einfach noch mehr anstrengen. Ich darf nicht riskieren, dass sie von meinem nächtelangen Surfen und Chatten etwas mitkriegen – und mir womöglich den Laptop wegnehmen. Unsicher gucke ich zwischen meinen Eltern hin und her.

„Dann gehe ich jetzt hoch und lerne noch ein bisschen für Mathe", sage ich nach einer Weile und ernte einen wohlwollenden Blick von Mama. „Und ich freue mich, dass ich in Zukunft nicht mehr alleine Chinesisch lernen muss." Letzteres ist noch nicht einmal gelogen. „Gute Nacht." Ich stehe auf und drücke beiden noch einen Kuss auf die Wange, dann gehe ich hoch in mein Zimmer.

„Sie ist groß und ganz schön selbstständig geworden", höre ich meinen Vater noch sagen. „Ich bin stolz auf sie."

Meine Mutter antwortet nur mit einem Seufzen und murmelt was von wegen „Pubertät".

Oben lasse ich mich auf meinen Teppich plumpsen und starte sofort meinen Rechner. Oder hätte ich ihn lieber auslassen sollen?!

Erstens warte ich auf eine Nachricht von *PeggySue* und zweitens will ich natürlich wissen, ob *Marvin* Fotos oder Kommentare über unser Date am Bratwursthäusl gepostet hat.

Als ich mich einlogge und die Kommentare checke, verschlägt es mir die Sprache. Zu der *Wer-nervt-mehr-als-Jenny-Gruppe* ist noch eine weitere hinzugekommen: *Chinagirl-in-love.* Aber Mist, verdammt, ich habe keinen Zugang! Egal welche Tricks ich auch versuche, mir gelingt es nicht. Erst als ich mir eine komplett neue Identität zulege und mich als *MissDubai* einlogge, lese ich fünfzig Kommentare zu einem Foto von mir und diesem Scheich.

Ich weiß nicht, was ich schlimmer finde, das Foto oder die gemeinen Kommentare dazu – oder die Tatsache, dass mir jemand eine Falle gestellt hat, um mich später auf diese Weise bloßzustellen.

Das Foto zeigt mich, völlig aufgetakelt im offenen Mantel, unter dem ich ein hautenges Minikleid mit tiefem Dekolleté trage. Was für eine unverschämte Fälschung!

Geile Braut! ist noch der unverfänglichste Kommentar, den ich lese.

Ich biete 1000 Kamele!

Kein Wunder bei den Höckern!

Jenny ist eine Haremshure …

Völlig geschockt starre ich auf den Bildschirm und auf das Foto, unfähig, es samt der Kommentare wegzuklicken. Das bin ich, Jenny von Gunzenbach, eine perfekte Fotomontage, eine perfekte Fälschung. Ich weiß nicht, wie lange ich wie ein vom Fuchs paralysiertes Kaninchen vor meinem Computer gesessen habe, fassungslos über die Gemeinheit, zu der andere fähig sind. Von wegen ich soll mir nichts weiter dabei denken, Klara hat gut reden! Wie soll ich das ignorieren? Wahrscheinlich bleibt mir doch nichts anderes übrig, als mich ihr endlich anzuvertrauen und ins *Change* zu gehen. Ich schalte den Computer aus, hole mir etwas zu trinken und überlege, ob ich einen Spaziergang zum Reitstall unternehmen soll, um mich abzulenken. Vielleicht ist das Bild schon wieder gelöscht und ich mache mir unnötig Sorgen? Also fahre ich meinen Rechner wieder hoch, logge mich ein – aber falsch geträumt. Natürlich ist das Jenny-Haremshuren-Foto immer noch da. Und wenn ich nicht völlig danebenliege, wird es noch eine Weile online bleiben …

Als ich am nächsten Morgen aufwache, fühle ich mich wieder schlapp und sogar ein bisschen fiebrig. Am liebsten würde ich im

Bett bleiben, doch dann müsste ich wieder Mamas besorgte Blicke ertragen oder, noch schlimmer, zu Dr. Gottstein gehen. Also schleppe ich mich in die Schule, ertrage das heimliche Getuschel und Fingergezeige und hoffe einfach, dass es vorübergeht. Trotzdem habe ich Bauchweh und keinen Appetit. Wie in Trance zieht der Unterricht an mir vorüber, die obligatorische Teatime mit Plätzchen vor den Weihnachtsferien in English Conversation gibt mir dann den Rest. Noch bevor der Banek etwas sagen kann, springe ich auf, renne aufs Klo und übergebe mich.

Danach geht es mir etwas besser, trotzdem lasse ich mich nach Hause schicken, wo ich mich aufs Bett schmeiße und sofort einschlafe.

Als ich aufwache, tut mein Bauch noch stärker weh. Weil ich ja seit heute Morgen nichts weiter gegessen habe, schiebe ich es auf Hunger und esse ein paar kalte Nudeln, die mir Marianne zum Aufwärmen hingestellt hat. Es ist ihr freier Tag. Das bedeutet, dass meine Eltern gemeinsam in ein Nobelrestaurant gehen, während ich Lieblingsnudeln vor dem Fernseher essen darf. Aber heute kann ich es nicht genießen, die Bauchschmerzen werden immer schlimmer.

> *Vielleicht bekommst du deine Tage?,* schreibt *PeggySue,* als ich ihr von meinem Zustand erzähle.
>
> *Schwanger oder was?,* ist *Popcorns* lapidarer Kommentar dazu.
>
> *Spar dir deine blöden Kommentare,* maile ich zurück.

Mit gekrümmtem Oberkörper hänge ich vorm Laptop und versuche, ruhig zu atmen. Plötzlich fange ich an zu schwitzen wie verrückt, mein Herz klopft wild, in meinem Bauch brennt ein Feuer. Panisch springe ich auf, gehe ein paar Schritte, da wird es besser. Das kann doch unmöglich nur durch den Stress ausgelöst sein? Solche Schmerzen kommen doch nicht, nur weil man sich ärgert … Oder doch? Da schießt eine weitere Schmerzattacke durch meinen Unterleib und mir wird kurz schwarz vor Augen. Ich sinke aufs Sofa und taste nach meinem Handy. Ich versuche, meine Eltern anzurufen, aber bei beiden geht nur die Mailbox an. Was jetzt? Klara fällt mir ein, doch offensichtlich ist sie auf einem Rockkonzert, ich höre im Hintergrund dröhnende Musik und ich verstehe kein Wort.

In diesem Moment sticht es erneut superfies in meinem Bauch. Ich brauche dringend Hilfe. Und zwar jetzt sofort. Ohne weiter darüber nachzudenken, schleppe ich mich rüber zu Willmers und klingele eine gefühlte Ewigkeit später an deren Tür Sturm.

„Bauchschmerzen", presse ich hervor.

„Was machst du denn … um Himmels willen!", ruft Alina, als sie mich erblickt. Hilfreich greift sie mir unter die Arme, aber ich spüre schon, wie mir die Beine wegsacken und ich auf den Boden gleite.

„Tamara, komm!", höre ich sie rufen.

Und dann geht alles ganz schnell. Ich merke, wie mir jemand über den Bauch streichen will und ich bei der kleinsten Berührung vor Schmerz schreie.

„Ruf den Notarzt", höre ich eine Stimme sagen, sie muss wohl zu Tamara gehören. Das ist das Letzte, was in mein Bewusstsein dringt. Dann wird alles dunkel um mich herum. Sehr dunkel.

Mach den Test in Kapitel 19: Bist du mediensüchtig?, S. 167.

9 Aufgewacht?!

„Da bist du ja wieder", begrüßt mich eine freundliche Stimme. Jemand kneift mir aufmunternd in die Wange.

Es riecht komisch, das ist das Erste, was ich denke. Und dann: „Wo bin ich?" Ich versuche, die Augen zu öffnen, sie sind wie aus Blei, es fällt mir schwer. „Was ist passiert?"

Die Stimme antwortet: „Du hast Glück gehabt, Johanna! Das war ein glatter Blinddarmdurchbruch, den wir in letzter Minute operieren konnten. Aber mach dir keine Sorge, du wirst wieder ganz gesund werden."

Ich blinzele und schaue in das Gesicht einer freundlichen Krankenschwester. Sie nickt mir aufmunternd zu, dann verstellt sie die Infusion und überprüft die Nadel in meinem Arm.

„Deine Eltern sind nebenan beim Herrn Professor, der dich persönlich operiert hat, ich sag ihnen gleich Bescheid."

Ich versuche, mich zu bewegen, aber es gibt einen grässlichen Stich in der rechten Leistengegend.

„Johanna, Kind, was machst du denn für Sachen!" Mama eilt an mein Bett und küsst mich. „Wie geht es dir? Hast du Schmerzen?" Sie ist ganz blass und wirkt noch hagerer als sonst in ihrem dunklen Business-Anzug.

„Die Ärzte sagen, dass du in drei, vier Tagen wieder nach Hause kannst", sagt mein Vater und streichelt mir über den Kopf.

„Was für ein Glück, dass Alina da war, nicht auszudenken … ich mache mir solche Vorwürfe!" Mama wischt sich die Augen. Dann erzählt sie, was gestern Abend passiert ist.

Nachdem ich bei Willmers im Flur zusammengebrochen bin, hat Alina sofort den Notarzt alarmiert. Noch im Rettungswagen haben sie alles für die OP vorbereitet, denn allen war klar: Hier ging es um Leben und Tod.

„Aber wieso hast du vorher nichts gemerkt?", wundert sich mein Vater. „Du musst doch schon seit einiger Zeit Bauchschmerzen gehabt haben."

„Mmmmh", antworte ich schläfrig. „Ein bisschen …"

Klar hatte ich Bauchschmerzen, immer mal wieder. Aber da ich so wenig geschlafen und ständig diesen Stress mit den anderen hatte, habe ich es darauf geschoben.

„Und dieses Fieber … eigentlich hätte Dr. Gottstein merken müssen, was mit dir los ist." Mama schüttelt den Kopf. „Nicht auszudenken! Du bist doch unser einziges Kind!" Sie schluchzt abermals auf.

„Sie hatte damals Halsschmerzen, vergiss das nicht", meint mein Vater. „Dr. Gottstein dürfen wir keinen Vorwurf machen. Und überhaupt, was bringt uns das jetzt! Wir sollten froh sein, dass unsere Johanna so schlau war, sich selbst Hilfe zu organisieren!" Er lächelt mich aufmunternd an. Eine warme Welle schwappert durch meinen Bauch. Es tut gut, das zu hören.

Mama räuspert sich. „Ich möchte mich übrigens bei dir entschuldigen. Ab sofort darfst du natürlich so oft und so lange du möchtest rüber zu Willmers und mit Alina zusammen sein. Es war ein Fehler, dir den Umgang mit ihr zu verbieten, nur weil ich ihre Mutter nicht leiden kann, das habe ich inzwischen eingesehen. Und wenn sie ihre Töchter nicht zu solch verantwortungsbewusstem Handeln erzogen hätte, wer weiß …" Sie seufzt.

Wie sich herausstellt, waren die Eltern Willmer gestern Abend ebenfalls unterwegs gewesen, Elternabend und Förderverein, deswegen hatte Tamara auf ihre Geschwister aufgepasst – und in gewisser Weise auch auf mich. Sie hat absolut verantwortungsvoll reagiert, indem sie sofort den Notarzt alarmiert hat.

Mama nimmt meine Hand, die sie lange nicht loslässt. Dankbar lächele ich sie an, erst jetzt spüre ich, wie sehr mir das gefehlt hat: dass mir meine Eltern einfach mal zuhören, dass sie einfach mal für mich da sind. Ohne Smartphone und Terminkalender. Wir reden und reden und reden. Wenn meine Blinddarmnarbe nicht so schmerzen würde, wäre es noch viel schöner …

Doch zu früh gefreut. Irgendwann guckt Papa alarmiert auf die Uhr und macht wieder sein hektisches Gesicht.

„Ich habe heute und morgen ein paar wichtige Termine, aber dann habe ich ganz viel Zeit für dich", sagt er und beugt sich zu mir, um mir einen Kuss zu geben. Ich drehe meinen Kopf zur Seite. „Auf unserer Weihnachtsfeier kannst du nun ja leider nicht spielen."

„Du bist hier ja gut versorgt und überhaupt sollst du dich unbedingt ausruhen", ergänzte meine Mutter und richtet sich ebenfalls zum Gehen auf. „Ich muss leider auch gehen, die in der IT-Abteilung drehen noch durch, blöde Jahresbilanz …", murmelt sie. „Marianne kommt nachher vorbei und bringt dir ein paar Sachen, damit du aus diesem Krankenhauskittel rauskommst. Hast du sonst noch einen Wunsch?"

„Meinen Laptop!", rutscht es mir raus und da gucken sich meine Eltern erleichtert an.

„Na, dann geht's dir aber schon wieder deutlich besser, wenn du schon wieder an die Schule denkst", meint meine Mutter.

„Klar, wir sagen Marianne Bescheid. Aber übertreibe es nicht gleich, wir kennen deinen Ehrgeiz! Du hast eine anstrengende OP hinter dir, vergiss das nicht", fügt mein Vater hinzu. Und mit diesen Worten sind sie auch schon aus meinem Zimmer verschwunden.

Enttäuscht lasse ich mich in mein Kissen zurücksinken. Hätten die nicht ausnahmsweise noch eine Stunde bei mir bleiben können? Immer das Gleiche, kaum sind sie da, sind sie auch schon wieder weg. Immer geht es nur nach ihren Terminen, immer muss ich das tun, was sie von mir verlangen. Ausruhen, lernen, gesund werden: Hauptsache, alles ist geregelt, alles läuft perfekt und funktioniert.

Ich bin traurig und wütend zugleich, und weil diese verdammt kackblöde Blinddarmnarbe so wehtut, fange ich an zu weinen, was die Schmerzen in meinem Bauch auch nicht besser macht. Meine Zimmernachbarin, ein kleines Mädchen, das einen komplizierten Armbruch auskuriert, versucht, mich mit ihren rosaroten Barbies zu trösten, gibt aber nach ein paar Minuten auf. So findet mich eine Weile später die freundliche Krankenschwester von vorhin völlig verzweifelt und in Tränen aufgelöst. Schwester Anna steht auf ihrem Namensschild. Da hilft es auch nicht, dass sie mir erlaubt, genau fünf Schlucke Wasser zu trinken. Auch nicht, dass sie mir eine Schmerztablette verspricht, ich weine und schluchze und heule mich komplett weg.

„Ich kann leider nicht bei dir bleiben", sagt sie hilflos. „Da sind noch zwanzig andere Patienten auf der Station und die haben größere Probleme als du."

„Noch größere Probleme? Das kann gar nicht sein", schreie ich hilflos.

„Kind, beruhige dich, sonst heilt deine Wunde nicht", versucht Schwester Anna, beschwichtigend auf mich einzureden. „Ich …" Sie berührt mich sanft an der Schulter. „Ich schaue später noch mal nach dir, okay?"

„Okay", schniefe ich und ziehe die Rotze hoch, schnäuzen tut noch so scheußlich weh.

„Dann ist's ja gut", erwidert sie erleichtert und versucht ein aufmunterndes Lächeln.

Als sie draußen ist, heule ich noch eine Weile vor mich hin. Natürlich habe ich Glück im Unglück gehabt, nicht auszudenken, wenn Alina und Tamara nicht so schnell gehandelt hätten! Aber was ist mit meinen anderen Problemen? Die lassen sich nicht mal eben schnell herausschnippeln wie ein entzündeter Blinddarm. Die retuschierten Fotos schießen mir in den Kopf, all die gemeinen, fiesen Kommentare sind wieder da. Und das Getuschel und Geläster in der Schule, egal, wo ich auftauche, egal, was ich sage. Wie konnte ich auch nur so blöd sein und mich mit diesem *Marvin* treffen!

Im Nachhinein ist mir längst klar geworden, dass Krizia hinter dieser Aktion stecken muss. Sie war auch ein paar Tage wegen einer Mittelohrentzündung nicht in der Schule, genau zu der Zeit, als ich Marvin kennengelernt habe. Und ihr hatte ich auch, unter dem strengen Siegel der Verschwiegenheit, von Marvin erzählt, damals, als sie so traurig wegen Jason war und Liebeskummer hatte. Um sie zu trösten und um ihr zu zeigen, dass träumen helfen kann. Aber das war ein Fehler, ein riesengroßer sogar. So wusste sie, dass ich auf einen Traumboy namens *Marvin* stehe und in meiner verliebten Verblendung habe ich doch glatt geglaubt, er ist es!

Wie blöd kann man eigentlich sein?! Immer wieder quäle ich mich mit diesem Vorwurf den restlichen Tag lang herum. Genervt lasse ich die Visite und die Fragen des Chefarztes über mich ergehen. Immerhin bin ich Privatpatientin und liege in einem Zweibett-zimmer, da muss er noch extra was für mich tun außer operie-ren. Also jammere ich noch ein bisschen über die schmerzende Wunde und bekomme eine Tablette extra, die ich aber erst vor dem Schlafengehen nehmen darf. Ich erfahre, dass ich heute noch streng liegen bleiben soll, dafür darf ich ab morgen aufstehen und aller Wahrscheinlichkeit nach in zwei Tagen nach Hause.

Am Nachmittag halte ich es dann vor lauter Langeweile über-haupt nicht mehr aus. Zweibettzimmer hin oder her, die Kleine mit ihrem Barbiefimmel geht mir gehörig auf den Keks. Das Fernsehprogramm ist öde, die christliche Erbauungsliteratur für Jugendliche, die mir ein hilfreicher „blauer Engel" mit ei-nem milden Lächeln auf den Nachttisch gelegt hat, rühre ich natürlich nicht an. Genervt strecke ich dem dämlich grinsen-den Apfelmännchen die Zunge raus, ebenfalls ein Geschenk des ehrenamtlichen Besuchsdienstes, weil ja Adventszeit ist. Ich versuche, meine Eltern zu erreichen, ob sie nicht eher kommen können, um mir meinen Laptop vorbeizubringen; Marianne war nämlich immer noch nicht da. Aber Fehlanzeige. Papa ist in einem Meeting und meine Mutter antwortet nur genervt, dass das System soeben abgestürzt wäre und sie nicht wisse, wann sie heute Feierabend machen könne. Sie schlägt mir vor, Alina anzurufen, aber ich habe ihre Nummer nicht gespeichert.

Obwohl der Chefarzt Professor Doktor Irgendwas gesagt hatte, die Tablette sei für später, werfe ich sie mir am späten Nachmittag ein. Mit der Folge, dass ich keine fünf Minuten später in einen komatösen Tiefschlaf falle, fest und traumlos, und erst am nächsten Morgen wieder aufwache, als mir eine mürrische Schwester ein Fieberthermometer in den Hintern schieben will. Ich und Fieber! Da ist sie bei mir bei der Richtigen! Ich fühle mich frisch und ausgeschlafen und verweigere mich der obligatorischen Zwangsmessung. Mit dem Erfolg, dass sie mich aus dem Krankenhaus schmeißen lassen will … Blöde Kuh, denke ich, als sie draußen ist, am liebsten würde ich sowieso sofort aus dem Bett springen und nach Hause gehen. Erleichtert stelle ich fest, dass die Wunde kaum noch schmerzt und ich ohne große Mühe sogar sitzen kann. Aber erst muss ich Frühstück und Visite über mich ergehen lassen, dann darf ich am Arm der lieben Schwester Anna alleine auf Toilette gehen, was, ehrlich gesagt, wunderbar ist und kein Vergleich zu dieser blöden Bettpfanne. Gut, dass mich dabei keiner fotografiert hat, denke ich bitter … Nur duschen gehen und meine Haare waschen darf ich noch nicht, das muss bis morgen warten.

„Prima, Johanna", lobt Schwester Anna mich. „Ruhe dich jetzt noch eine Weile aus, dann kannst du nachher noch ein bisschen auf dem Flur auf und ab spazieren." Sie lächelt mir aufmunternd zu. „Und keine Sorge, deine Eltern kommen heute Abend ganz bestimmt." Letzteres sagt sie in Anspielung auf meine Enttäuschung, weil heute Morgen nach dem Aufwachen kein Laptop dagelegen hat. Nur ein Blumengruß von Marianne.

„Hoffentlich", antworte ich zerknirscht, „mir ist sooo grässlich langweilig, ich habe noch nicht einmal ein iPad hier!"

„So ist das eben, du sollst dich hier ja auch ausruhen", lautet ihre lapidare Antwort. „Und übermorgen darfst du ja schon wieder nach Hause, vergiss das nicht. Andere müssen Weihnachten hier im Krankenhaus verbringen."

Bin ich andere?!, denke ich, bereue aber sofort diesen Gedanken, im Grunde bin ich ja froh, dass ich noch einmal mit dem Schrecken davongekommen bin und diese fürchterlichen Bauchschmerzen aufgehört haben. Ich zwinkere dem Apfelmännchen zu, dann stehe ich auf und gehe raus auf den Flur, wo zwei Opis im Bademantel auf und ab schlurfen. Irgendwo habe ich gelesen, dass es einen Aufenthaltsraum mit Zeitschriften geben soll, vielleicht sind die hier ja auch so fortschrittlich und haben einen Computer. Dann kann ich mich einloggen und meine Nachrichten checken. Als ich um die Ecke biege, stoße ich mit jemandem zusammen, der es eilig hat.

„Klara!", rufe ich erstaunt. „Was machst *du* denn hier?"

„Und was machst du hier?" Sie umarmt mich flüchtig und schaut mich prüfend an.

„Blinddarm-OP, nichts weiter", antworte ich und zucke mit den Schultern. „Übermorgen werde ich entlassen …"

„Endlich mal eine richtige Krankheit", rutscht es ihr heraus. „Ich komme gerade von der PSO." Sie macht einen tiefen Seufzer.

„PSO?" Ich gucke sie fragend an. „Sagt mir nichts."

„Station für Psychosomatische Störungen. Ein Mädchen aus dem *Change* leidet unter Magersucht und ich bin froh darüber, dass sie sich endlich freiwillig in stationäre Behandlung begeben hat. Nur so kann ihr nämlich geholfen werden." Dann mustert sie mich ausführlich von oben bis unten. Nach einer Weile sagt sie: „Du siehst mir aber auch danach aus, als ob dich nicht nur der Blinddarm genervt hätte, oder? Was ist aus deinem Scheich geworden?"

Ich spüre einen fetten Kloß im Hals. Wie macht Klara das nur, dass sie immer sofort spürt, was mit einem los ist? Als ich nicht antworte, schlägt sie vor: „Komm, gehen wir in die Cafeteria, einen heißen Kakao trinken, dann erzählst du mir alles."

Nachdem wir aus dem Automaten ein Heißgetränk gezogen haben, sitzen wir uns schweigend gegenüber. Ich weiß nicht, was sie von mir erwartet, also beginne ich einfach mit vorgestern Abend, meinem spektakulären Zusammenbruch und der Einlieferung ins Krankenhaus.

„Da hast du großes Glück gehabt", sagt sie. „Gut, dass du Alina zur Freundin hast."

„Das ist es ja." Plötzlich muss ich heulen. „Da sind so viele Sachen gelaufen ... sie ist nicht meine Freundin." Als ob ich das je geradebiegen könnte, Mama hat gut reden.

„Was denn alles?", hakt Klara behutsam nach.

Da bricht alles aus mir heraus. Ich rede und rede und rede und es tut unendlich gut, dass ich endlich über alles, was auf ChaCha und dem Weihnachtsmarkt gelaufen ist, sprechen kann. Ich erzähle von den dämlichen Kamelwitzen, der unglücklichen Pool-Party und dem gemeinen Foto, das von mir im Internet kursiert und nur von Doreen und Krizia stammen kann. Wie ich nicht mehr zu Alina rüberdurfte. Wie ich immer einsamer und zurückgezogener vor meinem Computer abgehangen habe und wie sehr ich meine Freunde aus dem Internet vermisse, weil ich hier im Krankenhaus nicht online sein kann.

Als ich nach einer gefühlten Ewigkeit endlich aufhöre, guckt mich Klara aufmerksam an. Ich putze mir ausgiebig die Nase und stelle fest, dass meine Narbe dabei pikst.

„Da hast du aber einen gehörigen Warnschuss kassiert", meint sie. „Ich finde, du solltest dich mehr auf deine Freundinnen im echten Leben konzentrieren."

„Wie denn? Ich habe keine!"

„Und diese Alina?"

Ich schüttele den Kopf. „Sie wird mir nicht verzeihen."

„Jetzt mach's mal nicht so dramatisch! Ich an deiner Stelle würde in den Weihnachtsferien mal mit ein paar selbst gebackenen Plätzchen rübergehen und ihr in Ruhe alles erzählen. Ich bin mir sicher, sie versteht dich." Und dann ermuntert Klara mich, in Zukunft mehr zu „leben".

„Schule ist doch nicht alles, auch wenn viele Eltern das meinen", erklärt sie und ich könnte sie küssen dafür. „Natürlich sind gute Noten und ein ordentlicher Schulabschluss wichtig … aber, hey, du bist doch keine Maschine, in die man Wissen reinstopft und unten kommt eine Einser-Schülerin raus! Du sollst deinen Weg finden, herausfinden, was zu dir passt, welche Freundinnen dir guttun, wo deine Stärken liegen. Und das tust du nicht, wenn du nur stundenlang über deinen Büchern hockst oder vor dem Computer. Und was deine Eltern betrifft …" Klara seufzt, bevor sie fortfährt. „… denen konnte man es noch nie recht machen, die waren schon immer perfektionistisch. Kein Wunder, dass es ihnen nicht in den Kram passt, wenn du deinen eigenen Weg gehst und in ihren Augen ‚kompliziert' wirst, weil du nicht mehr ihrer Normvorstellung entsprichst."

Ich schweige und muss an mein heftiges Tagesprogramm denken. Und daran, was passiert, wenn mal nicht alles nach Plan läuft. Wenn ich lieber eine Freundin treffen will, anstatt noch eine Lerneinheit dranzuhängen. Wenn ich krank bin, so wie jetzt. Wenn ich *schlechte* Noten habe, wie in jüngster Zeit.

„Hey, jetzt guck nicht so traurig." Klara lächelt mich aufmunternd an. „Weißt du, was? Beim nächsten Treffen der Medien-AG erzählst du uns von deinen Erfahrungen und Erlebnissen auf ChaCha, das ist bestimmt eine große Bereicherung für alle. Es erleichtert dich – und gleichzeitig kommst du mal unter Menschen und weg vom Bildschirm."

Ich nicke. Die Idee hört sich gar nicht so schlecht an. Und ins *Change* wollte ich ja schon immer …

Da schaut Klara auf ihre Uhr. „Ich muss leider gehen. Wir haben Probe für die Silvester-Aufführung. Du kommst doch, oder?"

„Habe ich eine andere Wahl?" Ich grinse sie schief an, während ich vorsichtig aufstehe und sie mir fürsorglich unter den Arm greift. „Was soll ich überhaupt spielen?! Bitte nichts Jazziges …"

„Was aus deinem Repertoire, dein Lieblingsstück natürlich!", ruft sie und bringt mich noch ein Stück auf meine Station. „Du kommst ja sowieso bald ins *Change,* dann besprechen wir alles." Sie umarmt mich fest, dann verschwindet sie mit eiligen Schritten den Krankenhausflur entlang. Das Klimpern ihrer Glasperlenohrringe hängt noch eine Weile in der Luft.

Als ich auf mein Zimmer komme, erwartet mich dort mein Vater mit ernster Miene. Wahrscheinlich ärgert er sich, dass ich so lange weg war. Oder er will mir mitteilen, dass ich doch noch einen Tag länger drinbleiben muss, denke ich erschrocken. Doch was mein Vater mir zu sagen hat, ist noch viel schlimmer.

„Ich habe deinen Laptop nicht dabei, Johanna", beginnt er und klingt dabei wie Heidi Klum, wenn sie sagt: „Ich habe heute leider kein Foto für dich."

„Und weißt du auch, warum?"

„Vielleicht, weil es hier im Krankenhaus verboten ist und es kein WLAN gibt?", frage ich vorsichtig.

„Nein", antwortet er streng. „Du bekommst den Rechner nicht, bevor du mir nicht erklärt hast, was dich geritten hat, *Cyberhyperhorse* auf den Rechner zu laden?"

Fieberhaft durchwühle ich mein Hirn. Stimmt, das war dieses Game von Norbert, von dem er mir während der Kamelsafari dauernd vorgeschwärmt hatte. So lange, bis ich eingewilligt habe, dass er mir den Link schickt. Und neugierig, wie ich war, habe ich es gleich installiert. Ich traue mich nicht, meinem Vater zu gestehen, dass ich es oft zur Entspannung gedaddelt habe, so, wie er mich jetzt anguckt.

Er atmet tief durch, bevor er sagt: „Ich wollte bei deinem Rechner ein System-Update machen und habe das übliche Procedere durchgespielt, *Zugriffsrechte reparieren, Antivirus-Programm,* du weißt schon."

Klar weiß ich, er hat mir oft genug erklärt, wie wichtig das ist.

„Dabei wurde eine verdächtige Datei in einem Ordner festgestellt, den der Rechner nicht kennt. Und das zugehörige Programm auch nicht. Du weißt, was das bedeutet? Mensch, Johanna! Über unser Netzwerk laufen vertrauliche Firmendaten! Und über dieses Spiel, das du da installiert hast, werden im Hintergrund Tausende von Datenpaketen verschickt, E-Mails, Kontaktdaten …"

Ich schweige betreten und wage es nicht, ihm in die Augen zu schauen. „Ich habe mir nichts dabei gedacht", murmele ich leise.

„Das ist mir mittlerweile auch klar!", poltert er weiter. „Ich wollte dich nicht ausspionieren, aber nach dieser Entdeckung *musste* ich deine Netzaktivitäten überprüfen. Dein Rechner ist ein offenes Buch! Und ich dachte immer, ich hätte dich ausreichend informiert." Mein Vater macht eine Pause und reibt sich die Augen. „Da denken wir, du lernst für die Schule, nutzt die Lernprogramme und arbeitest fleißig – und was machst du? Chattest mit Gott und der Welt, gibst deine persönlichen Daten preis und erzählst Dinge, die nun wirklich niemanden etwas angehen. ChaCha, Single-Börse – Himmel, wo du dich überall registriert hast! Zudem lädst du komplette Referate und Hausarbeiten runter. Und dieses Video auf YouTube. Was hast du dir nur dabei gedacht? Man sieht nicht nur dich, sondern dein gesamtes Zimmer, die teuren Möbel …" Mein Vater schüttelt fassungslos den Kopf. „Langsam wird mir einiges klar … deine ständigen Kopfschmerzen, deine Müdigkeit … dein Leistungsabfall in der Schule."

„Aber ich habe doch alle Sicherheitsvorkehrungen befolgt", versuche ich, mich zu verteidigen. „Und es war auch immer kostenlos, darauf habe ich geachtet!"

„Mag ja sein", sagt mein Vater ärgerlich. „Aber diese gigantischen Datenmengen, die da im Hintergrund übertragen wurden, jedes Mal, wenn du *Cyberhyperhorse* gespielt hast, sind selbst für unsere Flatrate zu viel." Er machte eine Pause, bevor er leise hinzufügt: „Ich befürchte, du bist internetsüchtig … noch schlimmer: Du hast unser Vertrauen gehörig missbraucht, Johanna."

Lies die computergesunden Tipps in Kapitel 16, S. 161.

10   Alles echt

Papas Donnerwetter dröhnt mir immer noch in den Ohren und hat zur Folge, dass ich am nächsten Morgen Fieber habe. Oder liegt es daran, dass die Wunde ein bisschen aufgeplatzt ist? Ich bin mir sicher, das kommt vom vielen Weinen, denn nachdem er sich stinksauer verabschiedet hat, habe ich nur noch geheult. Diesmal wollte ich keine Schlaftablette, Klein Barbie, die ja alles brühwarm mitbekommen hat, war auch ganz hilflos.

Was ich am gemeinsten dabei finde: Erst ist er megastolz auf seine Hightech-Medienwelt und gibt bei seinen Freunden bis zum Abwinken damit an, dass seiner Tochter alle Möglichkeiten der digitalen Welt offenstehen und er nicht zu diesen Verbotsvätern gehört. Und dann haut er mir die Bits und Bytes um die Ohren, nur weil ich ein paarmal zu viel gechattet habe! Und woher sollte ich wissen, dass dieser Norbert mir so ein *Spyware*-Programm aufgehalst hat? Okay, okay, ich habe einige Nächte durchgemacht und meine Leistungen in der Schule sind auch schlechter geworden. Aber hey, immerhin kann ich mir das leisten! Eine Drei ist selbst in Deutsch immer noch eine gute Note. Leider sehen meine Eltern das anders, sie wollen, dass ich ebenso fehlerlos wie perfekt funktioniere, das ist mir inzwischen nicht zuletzt dank Klaras Worten klar geworden. Ich habe ja noch meine Freunde im Netz, versuche ich, mich zu trösten, auch wenn es ein schwacher Trost ist. Denn was nützen mir über fünfzig Freunde in meiner Gruppe, wenn *jetzt* niemand da ist, mit dem ich sprechen kann? Ich kann es kaum erwarten, endlich wieder online zu sein und ihnen zu erzählen, wie es mir in den letzten Tagen ergangen ist. Auch wenn mein Vater mit Computersperre gedroht hat, ich glaube nicht, dass er das ernst gemeint hat. Das würde einfach nicht zu seinem Selbstverständnis als *Digital Hippie* passen.

Während ich so vor mich hin döse, fallen mir dann Klaras Worte wieder ein. Vielleicht hat sie ja recht und ich sollte demnächst zu Alina rübergehen, um mich bei ihr für mein dämliches Verhalten der letzten Wochen zu entschuldigen – und um mich für ihre Hilfe zu bedanken. Mit diesen tröstlichen Gedanken muss ich wieder eingeschlafen sein, denn ich werde wach, als mir vanillig-zimtiger Geruch in die Nase steigt.

„Hey, du Schlafmütze", begrüßt mich Alina und lächelt mich breit an. „Wach mal auf! Oder soll ich etwa die Plätzchen alle alleine futtern?" Sie steht neben meinem Bett und hält eine Keksdose in der Hand.

„Hey", grüße ich schläfrig zurück, „was machst du denn hier?"

„Ich wollte mal nachsehen, wie es dir geht", antwortet Alina. „Mannomann, hast du uns einen Schrecken eingejagt!"

„Mir geht's so halb scharf", sage ich seufzend und richte mich vorsichtig auf. „Die Wunde heilt nicht so, wie sie soll, wahrscheinlich muss ich noch einen Tag länger hierbleiben. Mit viel Glück bin ich Heiligabend wieder zu Hause." Weiß gar nicht, ob ich das wirklich will, denke ich, nach all dem Stress mit meinen Eltern kann ich mich gerade nicht auf ein Weihnachtsfest à la von Gunzenbachs freuen.

Alina mustert mich aufmerksam, offensichtlich brennt ihr jede Menge Fragen unter den Nägeln. Doch anstatt etwas zu sagen, schiebt sie mir die Keksdose hin. „Hier, probier mal, hat Mama alle selbst gebacken. Ich soll dich schön grüßen und fragen, wann du mal wieder zum Lasagne-Essen rüberkommst …"

Ich strahle. Wie lieb ist das denn, dass sie mich einladen, obwohl ich mich so bescheuert verhalten habe. „Weiß nicht", antworte ich hilflos. Klar, will ich … Aber ob ich jetzt noch darf? Dankbar nehme ich mir ein Vanillekipferl. „Setz dich doch", sage ich mit krümelsprühendem Mund, als sie immer noch unschlüssig neben mir steht. „Hier, aufs Bett, ist doch nicht verboten!"

Mit einem Seitenblick auf die Kleine, die mal wieder mit ihren Barbies spielt und so tut, als höre sie uns nicht zu, klettert sie ans Fußende, lehnt sich an und streckt die Beine neben mir aus. „Fehlt noch der Tee", kichert sie und ruckelt sich zurecht, „dann hätten wir es hier so richtig gemütlich."

„Kannst du haben", sage ich und nicke Richtung Tür, während sie bereits wieder aus dem Bett klettert, „draußen auf dem Flur stehen Thermoskannen und Tassen."

Keine zwei Minuten später ist Alina wieder in meinem Zimmer, diesmal mit zwei dampfenden Bechern in jeder Hand.

„Warum bist du eigentlich so komisch geworden?", platzt es aus ihr heraus, nachdem wir uns eine Weile schweigend gegenübergesessen haben, den Mund voller Plätzchen.

„Bin ich das?", frage ich zurück. Im gleichen Moment bereue ich meinen pampigen Ton dabei. Da kommt mich Alina besuchen, bringt Plätzchen mit, organisiert sogar Tee für uns und ich reagiere oberblöde. Und dabei hat sie ja sogar recht. „Sorry, war nicht so gemeint", beeile ich mich hinzuzufügen. „Aber in letzter Zeit ist alles so kompliziert geworden, ich weiß auch nicht, warum."

„Du hattest bestimmt Heimweh nach deiner alten Wohnung …", meint sie. „Oder warum bist du nachmittags immer in der Stadt geblieben?"

„Heimweh? Nö, wieso?" Auf die Idee bin ich ja noch gar nicht gekommen.

„Könnte doch sein. Wenn ich umziehen müsste …", macht Alina weiter und lässt mich gar nicht erklären, dass ich ja keine andere Wahl habe, als jeden Tag so lange in der Schule zu sein. „Manchmal verfluche ich diese Wohnsiedlung mit all ihren schnieken Häusern und dass es dort nur Kleingemüse gibt. Aber wenn ich mir vorstelle, ich müsste wegziehen?! Lieber nicht! Außerdem soll demnächst eine neue Familie mit Kindern in unserem Alter einziehen. In das neue gelbe Haus mit den drei Säulen, du weißt schon." Sie nippt an ihrem Tee und guckt mich über den Tassenrand hinweg an.

„Nein, ich hatte kein Heimweh", beantworte ich ihre Frage. „Es ist nur so … dass ich …" Ich zögere einen Moment. Wie soll ich ihr bitte schön erklären, was meine Mutter über ihre Mutter gesagt hat? Und dass sie mir quasi verboten hatte, zu ihr rüberzugehen. Und dass ich dann später viel lieber im Internet unterwegs war, als mich mit Alina zu treffen, weil ich da viel unbeschwerter und freier sprechen konnte – und viel mehr Freundinnen hatte als nur eine.

„Ich weiß schon, du warst bei ChaCha", unterbricht sie mich. „Guck mich nicht so verwundert an, das weiß ich von Tamara."

„Woher …?"

„*Tirili,* sagt dir der Name was? So hieß ihr erster Kanarienvo-gel." Alina grinst mich an. „Sie hat mir alles erzählt."

„Alles?!"

„Na ja, einiges."

Peinlich berührt schweige ich vor mich hin. Dann wissen meine Nachbarinnen also jetzt also, dass ich in vitro gezeugt wurde. Dass ich einen Haarfimmel habe. Dass ich riesige Brüste habe, auch wenn die auf den Fotos gar nicht meine sind … Dass ich angeblich auf Scheichs stehe. Und sie wissen ganz genau, wie es mir in den letzten Wochen ergangen ist. Was in der Comunity abgelaufen ist. Welche hämischen Kommentare ich einstecken musste. Welche Gruppen sich gegen mich gebildet haben.

„Guck nicht so bedröppelt", meint Alina versöhnlich und hält mir einen Schokolebkuchen hin. „Tamara kann äußerst diskret sein, wenn sie will. Und ich glaube, sie hat immer versucht, dich ein bisschen in Schutz zu nehmen und dir ein paar Tipps zu geben, damit du deine Privatsphären-Einstellungen besser schützt und nicht das ganze Netz alles über dich weiß."

„Das ist mir total peinlich!", rutscht es mir heraus.

„Wieso? Meinst du, Tamara ist die Einzige? Du bist im WORLD WIDE WEB unterwegs, vergiss das nicht. Ich habe übrigens auch ein paarmal mit dir gechattet und du hast nicht gemerkt, dass ich es bin. Hab aber schnell wieder damit aufgehört. Das ist nicht mein Ding. Da geh ich lieber reiten." Sie zwinkert mir zu. „*Linda99,* erinnerst du dich?"

Ich nicke, obwohl ich überhaupt nicht mehr weiß, mit wem ich mal wann über was gesprochen habe. Ich habe mir auch keine großartigen Gedanken darüber gemacht, wer sich wohl hinter

Linda99 oder *Tirili* verbirgt. Wenn ich im Forum unterwegs war, ging es um die jeweiligen Themen – Spliss, Strähnchen oder Hausaufgaben – und die Meinungen und Tipps der anderen Mitglieder dazu. Völlig losgelöst von dem, der spricht. Ich fand diese Anonymität auch ganz angenehm, ich musste mich nicht rechtfertigen oder gar auf die „Etikette" achten, wie es meine Eltern mir als eine „von Gunzenbach" immer eingetrichtert haben. Wenn jemand blöd war, bekam er einen entsprechenden Kommentar von mir. Einmal habe ich sogar einer Autorin gemailt, ob sie mir mal eine Inhaltsangabe ihres Buches schicken könnte, weil ich über sie partout nichts im Internet gefunden hatte. Und was schreibt die zurück? Weist mich erst mal darauf hin, dass auch für den E-Mail-Verkehr formale Regeln gelten wie Anrede und Grußformel, um mir dann zu sagen, dass es ja wohl nicht ihre Aufgabe sein könne, mein Referat zu halten, das müsse ich schon selber tun, schließlich würde sie ihr Geld mit dem Schreiben von Büchern verdienen und hätte die Schulzeit längst hinter sich, blablabla. Ich habe ihr zurückgeschrieben, dass ich ein Referat haben wollte und keine Belehrungen, hinterher habe ich mich gefragt, ob das nicht ziemlich unverschämt gewesen ist. Hätte ich sie persönlich getroffen, hätte ich mich das wohl nicht getraut, das muss ich zugeben.

Alina bleibt so lange, bis wir die Keksdose leer gefuttert haben und mir der Bauch wehtut – diesmal von den vielen leckeren Plätzchen. Wir verabreden, uns in den Weihnachtsferien so oft wie möglich zu besuchen, und ich freue mich schon jetzt darauf. Und so kommt es auch. Einen Tag vor Heiligabend werde ich entlassen, Schwester Anna wünscht mir ein frohes Fest, auch Klein Barbie darf nach Hause gehen. Mein Vater hilft mir beim

Packen, weil bei meiner Mutter in der Bank immer noch Land unter herrscht. Nachdem er sich beim Professor persönlich bedankt hat, steigen wir ins Auto. Aber anstatt mich sofort nach Hause zu bringen, fährt er Richtung Innenstadt.

„Weihnachtsmarkt", meint er lapidar, „damit du wenigstens ein bisschen in Stimmung kommst." Dabei nimmt er mich an die Hand wie damals als Fünfjährige, als wir gemeinsam auf dem Christkindlesmarkt in Nürnberg waren, damit ich nicht verloren ginge.

Ich drücke seine Hand ganz fest. „Tut mir leid, Papa …" Meine Stimme klingt nach Weinen. „Aber … es ist gerade alles so kompliziert und ich wusste nicht …"

„Mir tut es auch leid, dass wir nicht früher etwas bemerkt haben", sagt er und streicht mir eine Strähne hinters Ohr. „Ich hätte wissen müssen, wie verlockend *Social Networks* und *Chatrooms* für euch junge Menschen sind, man liest ja allerorten davon. In Zukunft achten wir beide besser darauf, versprochen?"

„Versprochen." Dankbar umarme ich ihn. Wenn doch Mama auch so verständnisvoll reagieren würde.

„So und jetzt brauche ich noch etwas Passendes für den alljährlichen Steh-Rumsel-Award, du weißt ja, der Preis, der auf unserer Feier für die kitschigste Weihnachtsdeko verliehen wird." Er grinst verschmitzt von einem Ohr zum anderen und ich weiß genau: Ich darf mir bei der Gelegenheit auch etwas Schönes aussuchen. Natürlich nicht auf dem Weihnachtsmarkt, sondern in dem angesagten Silberschmuckladen, wo er außerdem ein teures Armband für meine Mutter ersteht …

Gut gelaunt und mit vollen Einkaufstüten fahren wir dann nach Hause. Papa hat mir vorgeschlagen, dass ich mich für unser Weihnachtsmenü um den Nachtisch kümmere, und ich habe fröhlich zugestimmt. Da wird Mama wieder meckern, weil sie Sorge um meine Figur hat. Aber das tut sie auch so. Weil sie immer noch sauer auf mich ist.

„Mama, es tut mir leid", sage ich später beim Abendbrot, als sie endlich zu Hause ist. „Es soll nicht wieder vorkommen."

„Natürlich wird es nie wieder vorkommen", antwortet meine Mutter streng, während sie ein Salatblatt auf die Gabel pikst. „Allein deshalb, weil du Internetverbot bekommst und nur noch an den Rechner darfst, wenn es etwas für die Schule zu erledigen gibt."

Tränen schießen mir in die Augen, da haben sich Papas Worte vorhin viel versöhnlicher angehört. Tolles Weihnachten! Da hilft es auch nichts, dass es pünktlich angefangen hat zu schneien und bereits eine festlich geschmückte Weihnachtstanne im Wohnzimmer steht.

„Wir reden noch mal darüber", mischt sich mein Vater beschwichtigend ein, der ausnahmsweise kein Smartphone auf dem Tisch liegen hat. „Wenn die Bankgeschäfte erledigt sind und deine Mutter wieder ihren Kopf frei hat." Er nickt ihr zu.

„Das ist sicher eine gute Idee, Johanna", antwortet Mama und ihre Stimme hört sich wieder normal an. „Für die Weihnachtsferien gilt Internetpause, dann sehen wir weiter."

Nach dem Essen verzieht sich Mama sofort Richtung Whirlpool und Papa geht in die Küche, um Vorbereitungen für unser morgiges Weihnachtsmenü zu treffen. Mich lassen sie einfach stehen.

Unschlüssig gehe ich auf mein Zimmer. Einer alten Gewohnheit zufolge hätte ich am liebsten meinen Laptop hervorgeholt, um meinen Account zu checken, aber das ist ja nun Essig. Also gammele ich mich auf meinen Teppich und versuche zu lesen, doch immer wieder schweifen meine Gedanken ab. Ich will mich gerade schrecklich langweilen, da streckt mein Vater den Kopf zur Tür herein und fragt, ob ich ihm nicht helfen will, Möhren für die Gemüsejulienne zu schälen. Grinsend willige ich ein, kümmere mich dann aber doch lieber um das Lebkuchenparfait, damit es über Nacht fest werden kann.

Also spiele ich an Heiligabend die brave Tochter der von Gunzenbachs und decke den Tisch für unser festliches Mahl. Da wir nie in die Kirche gehen und meistens an den beiden Feiertagen „fremd bekocht" werden, besteht mein Vater darauf, wenigstens mit einem Vier-Gänge-Menü die Weihnachtsfeiertage einzuläuten.

Ich helfe außerdem Papa beim Brutzeln, Braten und Aufräumen, weil Marianne natürlich freihat. Er trägt seine gestreifte Kochschürze und ist bester Laune, weil seine gefüllten Wachteln eins a gelungen sind, und redet mit mir, als ob nichts vorgefallen wäre. Er lobt mein Parfait, ermuntert mich, bei der Vanillesoße mit Chili und Kardamom zu experimentieren, und ist sichtlich stolz auf mich, als ich dann einen kunstvoll garnierten Nachtischteller serviere, den selbst meine Mutter genussvoll leer löffelt.

Die hat sich endlich wieder beruhigt und entschleunigt, zumindest ist sie sichtlich geglättet und guter Dinge.

Später, zur Bescherung, umarmt sie mich fest, flüstert mir ins Ohr, wie lieb sie mich trotz allem habe und dass ich ja ihre einzige Tochter sei und wie stolz sie auf meine schulischen Leistungen wäre. Offensichtlich hatte mein Vater noch vor den Ferien ein Gespräch mit meinen Lehrern, die ihnen versichert haben, dass es nicht viel braucht, um meine sehr guten Noten zum Jahresabschlusszeugnis wieder hinzubekommen. Vorausgesetzt, ich kriege wieder die Kurve und lege mich wie gewohnt ins Zeug.

„Das will ich gerne tun", erkläre ich meinen Eltern, „aber ich will auch wieder mehr Freizeit haben, um mich beispielsweise mit Alina zu treffen oder ins *Change* zu gehen." Letzteres sage ich mit angehaltenem Atem, aber sie scheinen es geflissentlich zu überhören. Denn meine Mutter nickt.

„Ich will ja nur dein Allerbestes, Kind. Aber ich habe verstanden, dass ich es nicht erzwingen kann …"

Ich zögere einen Moment, bevor ich zum Erstaunen meiner Eltern meine Klarinette hervorhole. Vor lauter ChaCha und Krankenhaus habe ich dieses Jahr kein Geschenk für meine Eltern, wie ich ihnen zerknirscht gestehen muss, deswegen spiele ich jetzt für sie. Nichts Jazziges. Nichts Weihnachtliches, nichts Perfektes, sondern eine Variation der Titelmelodie von *Jenseits der Stille*.

Als ich aufhöre, hat meine sonst so toughe Mutter tatsächlich Tränen der Rührung in den Augen. Da weiß ich, dass es richtig ist, in Zukunft nicht mehr zu allem Ja zu sagen, sondern mein Leben selbst in die Hand zu nehmen und mitzugestalten.

„Das schönste Geschenk ist, dass du wieder gesund bist und in Zukunft bewusster mit den Medien umgehst. Wie wir alle", erklärt mein Vater feierlich, als wir kurz darauf unter dem Tannenbaum auf Weihnachten anstoßen. Meine Eltern mit Champagner, ich mit Orangensaft, immerhin frisch gepresst. „Und deswegen haben deine Mutter und ich beschlossen, dir mit diesem Geschenk hier …" Er zieht einen flachen Kasten hinter seinem Rücken hervor, „… noch einmal eine Chance zu geben!"

Jubelnd fliege ich ihm um den Hals, drücke meiner Mutter einen dicken Kuss auf die Wange und entferne mit fliegenden Fingern Papier und Schleife.

„Das neue MacBook Pro …", hauche ich. „Danke." Mehr fällt mir beim besten Willen nicht ein. Nach all dem Ärger der vergangenen Tage habe ich nicht damit gerechnet, von meinen Eltern solch ein Geschenk zu bekommen. Ich bin sprachlos vor Freude und würde am liebsten den restlichen Abend mit der kleinen silbrigen Kiste verbringen, aber meine Eltern ordern mich mit einem Zwinkern an den festlich gedeckten Tisch, wo wir dann stundenlang über das alte und das neue Jahr reden, welche AGs ich in Zukunft streichen kann und ob ich einen anderen Klarinettenlehrer bekomme, dass sie ihre Smartphones öfter ausschalten wollen, wohin unsere Sommerferien gehen könnten und wann denn endlich die Landschaftsarchitektin mit der Gartengestaltung anfangen kann.

Pünktlich vor Mitternacht muss ich dann zu Bett, ein Blick meines Vaters genügt und mein nigelnagelneuer Laptop bleibt unterm Tannenbaum …

Als ich dann am Weihnachtsmorgen in aller Herrgottsfrühe die neuen Funktionen checken will, erlebe ich eine herbe Enttäuschung: Die meisten Internetseiten sind gesperrt! Und das heißt im Klartext: kein ChaCha, kein Facebook, keine Google+. Keine Kontakte. Ich bin wieder alleine.

„Was hast du denn gedacht, Johanna?", meint mein Vater später am Frühstückstisch süffisant grinsend, als ich ihn darauf anspreche. „Und abends um zehn schaltet er sich von selbst aus."

„Aber ich bin doch kein Baby mehr!", heule ich. „Ich kann auf mich selbst aufpassen." Zugangssperren, automatisches Ausschalten, pah, was fällt dem denn ein?! Wenn es so ist, kann er den Laptop selbst behalten! Und nach dem versöhnlichen Abend gestern dachte ich, alles wäre wieder in Butter. Aber da habe ich mich wohl sehr getäuscht.

„Eben nicht, Johanna. Dass du nicht auf dich selbst aufpassen kannst, das haben wir ja gemerkt", fällt meine Mutter ein. „Und jetzt beeil dich mit dem Frühstück, wir haben heute noch einen anstrengenden Besuchstag bei deinen Großeltern vor uns."

Aha, da haben sie sich also doch entschlossen, den Familienfrieden wenigstens an Weihnachten wiederherzustellen. Wie es sich eben für von Gunzenbachs gehört, denke ich gehässig.

„Ich komme nicht mit", antworte ich trotzig, einer plötzlichen Eingebung folgend, und verschränke die Arme vor der Brust.

„Natürlich fährst du mit, deine Großeltern erwarten das!" Mein Vater schüttelt missbilligend den Kopf.

„Johanna, jetzt mache doch bitte kein Drama", versucht mich meine Mutter zu beruhigen.

„Ich will wieder freien Zugang ins Internet", jaule ich, „oder ich komme nicht mit."

„Wir lassen uns nicht erpressen …" Mama guckt jetzt sehr ärgerlich. Wahrscheinlich deshalb, weil sie befürchtet, ihren Eltern das unmögliche Verhalten ihrer Tochter erklären zu müssen.

„Liebe Johanna, solange wir deinen Laptop und die Flatrate bezahlen, so lange bestimmen wir, wie und wann und auf welchen Seiten du im Internet zu sein hast", sagt mein Vater mit einer sehr ernsten Stimme, die ich nur von ihm kenne, wenn er mit dem Vorstandschef telefoniert.

„Ihr seid ja so was von gestern", fauche ich, „alle sind auf ChaCha, nur ich nicht!"

„Die anderen interessieren uns nicht! Soweit ich weiß, darf kein dreizehnjähriges Mädchen unbeschränkt ins Internet, da haben alle Eltern ein Auge drauf. Und außerdem: Du bist eine von Gunzenbach, du hast einen sehr guten Ruf zu verlieren, vergiss das nicht, Johanna."

Und da war sie wieder, die Etikettenkeule, die alles niederschlägt. Ich atme tief durch, bevor ich sage: „Danke für das neue Mac-Book, Papa. Aber unter diesen Umständen möchte ich es nicht mehr. Und ich gehe auch nicht mit, ich bleibe hier!"

Mit diesen Worten stehe ich betont langsam auf, schiebe den Laptop zurück auf den Tisch und gehe die Holzstufen hoch auf mein Zimmer. Teils befürchte ich, dass sie mich zurückzitieren, teils warte ich darauf. Aber nichts geschieht. Meine Eltern bleiben schweigend sitzen, während ich mich oben auf mein Bett fallen lasse und heule, heule, heule, bis die Blinddarmnarbe wieder schmerzt. Irgendwann höre ich Türschlagen und Motorgebrumm, dann ist es still im Haus, sehr still. Ich eile hinunter ins Wohnzimmer und entdecke einen Zettel auf dem Laptop.

Wir sind sehr enttäuscht. Kommen heute Abend spät wieder. Denke bitte über dein Verhalten nach. Mama und Papa.

Ich bin auch enttäuscht, denke ich bitter. Immer lasst ihr mich alleine. Immer.

Mit einem Teller Schokolebkuchen will ich mich gerade ins Medienzimmer verziehen, um *Der kleine Lord* zu gucken, da klingelt das Telefon und Klara ist dran.

„Wollte mal hören, wie es dir so geht …" Mehr braucht sie gar nicht zu sagen, denn schon platzt alles aus mir heraus.

„Na, da tut sich aber eine gehörig leid", ist ihre lapidare Antwort und in diesem Moment würde ich am liebsten auflegen.

Stattdessen sage ich: „Ach ja? Für dich ist ja immer alles so einfach! Und was soll ich an deiner Stelle bitte schön tun?"

Ich höre Klara am anderen Ende der Leitung ausatmen, dann sagt sie: „Einfach wäre für mich, wenn ich dich nicht angerufen hätte … aber weil ich dich nun mal sehr gerne habe, bist du mir nicht egal. Und nur weil Dinge für dich nicht so laufen, wie sie sollen, spielst du jetzt die beleidigte Leberwurst. Hey, Jenny, deine Eltern haben dir ein riesiges Geschenk gemacht! Trotz des Vertrauensbruchs schenken sie dir einen neuen Laptop und erlauben dir weiterhin, im Netz zu surfen. Hallo, was willst du denn noch?"

„Danke für die klaren Worte", presse ich heraus und setze mich auf die nächstbeste Treppenstufe. „Du hast ja recht, es ist nur … ich fühle mich so alleine."

„Das kann ich verstehen", antwortet Klara und klingt wieder weich und verständnisvoll, „aber es hilft nichts, wenn du dich vergräbst und bockig reagierst. Probleme löst man nur, wenn man etwas TUT! Du musst aktiv werden. Geh rüber zu Alina! Und dann sag deinen Eltern, wie du dich fühlst! Dass du ohne deine Internetfreunde alleine bist. Dass sie dir ermöglichen müssen, in Alina eine „echte" Freundin zu finden. Und dass sie dir den Auftritt im *Change* erlauben sollten, weil du dort noch mehr nette Menschen kennenlernen kannst. Du musst es ihnen erklären, wie wichtig das für dich ist. Mach den Mund auf! Ich kann dich unterstützen und auch mit ihnen reden – aber wie du dich fühlst, dass musst DU ihnen sagen."

Klaras Ansage muss ich erst mal verdauen, ich spüre, dass sie recht hat, finde es aber verdammt schwer, das umzusetzen, was sie von mir fordert. Dazu brauche ich auch noch den zweiten

Weihnachtsfeiertag, den meine Eltern wieder ohne mich bei ihren Freunden aus dem Golfklub verbringen. Aber als sie abends nach Hause kommen, traue ich mich und bitte die beiden um ein Gespräch.

Erstaunt und aufmerksam zugleich hören sie mir zu. Nachdem ich mühsam den Anfang gefunden habe, sprudeln die Worte nur so aus mir heraus. Ich erzähle von meinen Alleine-Gefühlen, wie doof es in dieser Ganztagsklasse ist und wie sehr ich mich danach sehne, eine echte Freundin zu haben. Eine, die zu mir steht, ohne dass ich ihr ein teures Silberarmband geschenkt habe. Eine, die mich so mag, wie ich bin, auch mit ein paar Kilos mehr auf den Rippen. Und dass ich deswegen gerne enger mit Alina befreundet wäre.

Meine Eltern schauen sich betreten an. Mein Vater findet als Erster die Worte.

„Ich habe mir nach unserem Gespräch im Krankenhaus schon so was gedacht", sagt Papa, er sieht richtig bestürzt aus. „Aber ich kann unseren Alltag nicht ändern, es ist nun mal, wie es ist. Deine Mutter und ich haben verantwortungsvolle Jobs und sind deswegen nicht so oft zu Hause."

„Natürlich darfst du mit Alina befreundet sein, Johanna", macht meine Mutter weiter. Auch sie wirkt sehr nachdenklich. „Was gibt es Besseres als eine richtige Freundin? Ich selbst hatte nie eine …" Sie lächelt mich an, sodass ich es noch wage und den Auftritt im *Change* anspreche. Aber da beiße ich bei meinen Eltern auf Granit, sie winken unisono kopfschüttelnd ab.

Auch wenn mich ihre Reaktion traurig macht, bin ich trotzdem froh, dass ich mich endlich einmal ausgesprochen habe! Ich hoffe, in Zukunft können mich meine Eltern besser verstehen.

Weil wir nun jedoch nicht in die Berge fahren, habe ich genügend Zeit, meinen neuen „Freizeit-Plan", den ich mir mit Klara überlegt habe, auszuprobieren. Das fällt mir leichter als gedacht. Zum einen, weil wir ständig Besuch von Freunden und Bekannten haben, die unser neues Haus bewundern. Ich muss Tante Dora von den dramatischen Umständen meiner Blinddarm-OP berichten und natürlich auf der Klarinette vorspielen – diesmal den Klassiker von Benny Goodman.

Zum anderen freut sich Alina riesig, als ich sie zwei Tage später zum Zimtwaffelnessen einlade. Ich habe in Papas Kochbüchern ein Geheimrezept entdeckt und mir sein spezielles Waffeleisen ausgeborgt, was er fröhlich erlaubt hat. Mama hat sich sogar für eine halbe Stunde zu uns gesetzt und eine halbe probiert. Ich glaube, sie findet Alina ganz nett. Dafür bin ich am nächsten Tag drüben bei Willmers und lasse mir zeigen, wie man aus winzigen Stoffresten eine richtige Kissenhülle nähen kann. Ich mag es kaum glauben, aber genau dieses, mein erstes selbst genähtes Kissen darf später als Single-Deko auf unserem Design-Sofa liegen. Früher hätte ich diese Besonderheit sofort auf ChaCha gepostet, jetzt reicht es mir, Alina kichernd von dem puristischen Wohnstil meiner Mutter und ihrer weihnachtlichen Sondererlaubnis zu erzählen. Das heißt aber noch lange nicht, dass ich mein MacBook nicht benutze. Ich habe angefangen, Tagebuch zu schreiben – in einer geschützten Datei, auf die auch mein Vater keinen Zugriff hat. Da schreibe ich jetzt regelmäßig rein, was mir durch den Kopf geht und was mich beschäftigt. *PeggySue* und die anderen werden sich wundern, warum ich mich plötzlich nicht mehr melde. Die wahren Gründe werden sie nie erfahren ...

Klara hat zudem wie versprochen dann auch noch mit meinen Eltern geredet und sie – juhu! – in einem intensiven Gespräch davon überzeugt, dass ich Silvester im *Change* feiern darf. Erst waren sie natürlich skeptisch, aber als sie ihnen hoch und heilig geschworen hat, mich persönlich zu Hause abzuliefern und auf mich aufzupassen, waren sie beruhigt und haben ihrerseits nun Karten für die große Silvester-Gala in der Alten Oper. Das Beste aber ist: Alina kommt Silvester auch mit ins *Change!*

Deshalb freue ich mich nun riesig, als ich mich am 31. Dezember für meinen Auftritt style: Meine langen blonden Haare sind locker geflochten am Oberkopf festgesteckt, ein paar Strähnchen gucken raus, der Pony ist rund geföhnt. Mama hat mir ein schwarzes Etui-Kleid spendiert, diesmal in einem Laden, in dem es auch meine Größe gab. Aber nach der Blinddarm-OP bin ich ja auch drei Kilo leichter …

„Du siehst toll aus", begrüßt mich Alina, als sie in einem schlichten dunkelgrünen Overall und mit dickem Silberschmuck an Ohren und Handgelenken in mein Zimmer gestürmt kommt. Sie betrachtet mich von oben bis unten: „Fast wie Adele …"

„Wenn ich jetzt noch den schwarzen Lidstrich hinbekäme, ja!" Verzweifelt entferne ich meine vergeblichen Schminkbemühungen, seit einer halben Stunde quäle ich mich damit. „Das wird nie was! Das musst du wieder machen!"

„Klaro." Mit flinken Fingern pudert sie mein Gesicht, dann setzt sie den Stift an und eine Minute später staune ich über ein perfektes Ergebnis. Ich frage ich mich, woher sie das so gut kann, denn sie selbst hat nur ein wenig Wimperntusche und Gloss aufgetragen.

„Geübt ist geübt", antwortet sie grinsend. „Aber ich schminke mich immer nur zum Spaß zu Hause! Und jetzt komm, dein Vater wartet schon."

Hand in Hand wie zwei Supermodels gehen wir die Treppe hinunter und treten vors Haus, wo mein Vater gerade mit einem fremden Ehepaar spricht. Weiter hinten bemerke ich einen Möbelwagen an dem neuen gelben Haus und zwei Jungs, der Statur nach zu urteilen etwa in unserem Alter. Stimmt ja, ausgerechnet heute an Silvester sollen die Neuen hier einziehen, den Gerüchten nach eine Professorenfamilie mit zweieiigen Zwillingen und einer kleinen Tochter in Leos Alter.

„Äh, das ist meine Tochter Johanna und ihre Freundin Alina", stellt uns mein Vater jetzt vor. „Und das sind unsere neuen Nachbarn, Familie Wilkenhöhner."

„Hallo, ich bin Jenny", begrüße ich die beiden und reiche formvollendet die Hand. „Ich freue mich, Sie kennenzulernen."

„Wir uns auch, Jenny", sagt Frau Wilkenhöhner und mustert mich wohlwollend.

„Es geht wohl auf eine Silvesterparty?!", fragt Herr Wilkenhöhner. Er winkt seine beiden Söhne herbei.

„Meine Tochter hat heute Nacht einen wichtigen Auftritt. Sie spielt Klarinette", erklärt mein Vater. „Deswegen müssen wir jetzt auch los, wenn Sie uns bitte entschuldigen."

„Ich spiele heute Abend im *Change*", füge ich mutig hinzu. „Vielleicht haben Ihre Söhne ja Lust mitzukommen." Ich weiß nicht, was in mich gefahren ist. Aber ich fühle mich heute Abend so großartig wie noch nie, da sind mir die Worte einfach rausgerutscht. Ich spüre Alinas Ellenbogen in der Seite, aber sie grinst dabei.

„Warum nicht? Frag sie doch selbst! Sie freuen sich bestimmt, wenn sie die Silvesternacht nicht mit ihren alten Eltern in dem doofen neuen Haus verbringen müssen …" Frau Wilkenhöhner lächelt mich an, während mir mein Vater hinter ihrem Rücken hektische Zeichen macht.

In diesem Moment stockt mir der Atem. Die beiden Jungs, die jetzt vor uns stehen, sind nicht nur so alt wie Alina und ich, sie sehen auch noch umwerfend gut aus. Der eine hat einen dunklen Igelschnitt, der andere blonde Locken.

„Hi", sagt der Igelschnitt und lächelt mich an. „Ich bin Timon – und wie heißt ihr?"

„Jenny und Alina", stelle ich uns vor und lächele zurück, seinem Bruder direkt in die tiefblauen Augen, von denen ich dachte, sie gibt es nicht in echt. In diesem Moment ist es so, als ob die Welt um mich herum versinkt. Vergessen ist das Cybermobbing der letzten Tage, die Aufregung wegen des bevorstehenden Auftritts, die Höflichkeiten zwischen neuen Nachbarn. Sämtliche Laptops, sozialen Netzwerke und Chats können mir gestohlen bleiben. Denn was ich hier gerade fühle und erlebe, dieses Bauchkribbeln wie Himbeerbrause, gibt es nur in der analogen Welt.

„Und wie heißt du?", strahle ich den Blonden an. Dabei kann ich mir die Antwort schon denken.

Ende

Kapitel,
die Probleme
lösen

11 Gut zu wissen

Hier ein paar spannende Hintergrundinfos der digitalen Welt zum Mitreden:

Amazon
Marktführer im Online-Versandhandel und damit weltweit erfolgreich. Ob Bücher, Kleidung, Elektrogeräte oder Sportartikel, auf diesem Portal findest du fast alles. Verlockend, weil du von zu Hause aus bequem alles recherchieren und bestellen kannst. Fatal, weil damit die Geschäfte in deiner Stadt leiden oder sogar pleitegehen. Noch schlimmer: Durch den Versandhandel entstehen zusätzlich enorme CO_2-Emmissionen. Mal abgesehen davon, dass Amazon als Internetriese es sich erlauben kann, seinen Händlern und Arbeitnehmern beinahe unzumutbare Geschäftsbedingungen zu diktieren.

AGB
Abkürzung für *Allgemeine Geschäftsbedingungen*. Egal, ob du dich in einem Internetportal anmeldest, etwas online bestellst oder im „echten" Leben etwas in einem Laden kaufst:

Mit deiner Unterschrift akzeptierst du die Geschäftsbedingungen des jeweiligen Anbieters und es lohnt sich, sie genau zu kennen. Denn auch im Kleingedruckten können wichtige Bedingungen (u. a. Weitergabe deiner persönlichen Daten) stehen, die dir zum Verhängnis werden können. Vor allem bei kleineren Internetfirmen sollte man genauer hinschauen, wo, wie und vor allem zu welchem Zweck deine Daten gespeichert und verwendet werden dürfen – wenn du dem zustimmst.

Tipp

Mach dir mal die Mühe: Drucke dir von deiner Lieblingswebsite die *AGBs* aus und lies sie aufmerksam durch. Wie weit kommst du? Hast du alles verstanden? Geh zu deinen Eltern und lest gemeinsam weiter. Frag sie mal, ob sie sich auskennen …

Backup

Mit einem *Backup* sicherst du deinen Datenbestand – unbedingt regelmäßig durchführen: Speichere auf eine externe Festplatte sämtliche für dich wichtigen Programme und Dateien. Nicht auszudenken, wenn dein mühsam geschriebenes Zwanzig-Seiten-Referat plötzlich futsch wäre … Gilt übrigens auch für ein regelmäßiges Backup deines Smartphones. So hast du im Falle eines Falles sämtliche Adressen, Apps und/oder Fotos parat.

Blog

Abkürzung von Weblog ist eine Art öffentliches Tagebuch,

d. h., hier schreibt und kommentiert jemand seine Ideen, Gedanken und Erfahrungen zu einem bestimmten Thema, die von anderen eingesehen, bewertet und kommentiert werden können.

Bluetooth

Drahtloser Datenaustausch per Funktechnik zwischen Geräten wie Handy, Computer, Drucker im Umfeld bis zu zehn Meter, auch durch Mauern hindurch.

Chat

Sich schriftlich und anonym (Nickname) übers Internet unterhalten, mit einem oder mehreren gleichzeitig, das nennt man *Chatten*. Die meisten Chats verfügen über Operatoren und Moderatoren, die sowohl auf Form als auch auf den Inhalt der Chat- bzw. Forumsbeiträge achten und ggf. Teilnehmer rausschmeißen, die sich nicht an die Regeln halten oder Fragwürdiges verbreiten.

Datenschutz und IP-Adresse

Hundertprozentigen Datenschutz im Internet gibt es nicht. Je öfter du unterwegs bist, je öfter du (später) alltägliche Dinge wie Onlinebanking machst oder im Internet unter Preisgabe deiner Adresse und Kreditkartennummer einkaufst, desto verbreiteter sind deine Daten. Im besten Fall erhältst du daraufhin personalisierte Werbung, im schlimmsten Fall bedient sich jemand an deinem Konto.

Denn über die *IP-Adresse* (engl.: *Internet Protocol*) deines Computers bist du stets identifizierbar. Deine Rechner-IP ist eine Art Telefonnummer (mit 32 bis 128 Stellen!) deines Computers. Darüber wird jede deiner Aktionen dokumentiert, weil diese Nummer automatisch gesendet wird. Das *Internet Protocol* sammelt Daten von Absender und Empfänger und verschickt sie entsprechend. Mehr noch: Bist du nicht durch sogenannte *firewalls* oder spezielle Programme vor Spam-E-Mails und Viren geschützt, erlaubst du Fremden, auf deinen Computer zuzugreifen.

Facebook

Das bekannteste und mit monatlich über 1,44 Milliarden Nutzern am häufigsten besuchte soziale Netzwerk. 2004 u. a. von Mark Zuckerberg gegründet, ermöglicht Facebook die weltweite Vernetzung von Menschen, in dem Fotos und Beiträge geteilt werden. Theoretisch kann also jeder Mensch auf der Welt mit jedem anderen in Kontakt treten – vorausgesetzt, er hat sich bei Facebook registriert und dort seine Daten hinterlegt. Genau deswegen aber ist Facebook in die Kritik geraten, denn niemand weiß, was mit deinen Angaben und gespeicherten Fotos und Klickvorlieben zu welchem Zwecke passiert. Verbraucherschützer raten deshalb, das persönliche Profil so sicher und geschützt wie möglich anzulegen. Siehe auch *Social Network*.

FAQ

Das sind die meistgestellten Fragen (*Frequently Asked Questions*), die du auf jeder Website mit den entsprechenden Antworten findest.

Google

Beliebteste und größte Internet-Suchmaschine, die dir einerseits eine schnelle Recherche im Netz erlaubt, jedoch gleichzeitig viel über dich weiß und registriert, beispielsweise deinen Standort (Stadt!) oder Klickvorlieben (beliebteste Seiten, die dann mit Werbebannern verquickt werden). Seit 2004 findet sich das Wort „googeln" im Rechtschreib-Duden.

GPS

Über das *Global Positioning System* kann die eigene geografische Position sehr genau bestimmt werden. Zum Beispiel, wenn diese Funktion auf deinem Handy aktiviert ist, während du Fotos verschickst oder joggst. Auf diese Weise kann jeder, der es darauf abgesehen hat, genau verfolgen, wo du dich gerade befindest. Handy-Ortung funktioniert übrigens auch ohne GPS. Weil sich dein Handy je nach Standort immer in ein anderes Netz einwählt, ist darüber dein Weg immer nachvollziehbar.

Handyfotos/Selfies

Witzig und originell, aber unter Umständen verboten: Gemäß § 201a Absatz 1 vom StGB („Paparazzi-Paragraf") darfst du niemanden heimlich oder gegen seinen Willen fotografieren, weil du dadurch die Intimsphäre desjenigen verletzt. Schon gar nicht darfst du diese Bilder ohne Genehmigung veröffentlichen oder an andere verschicken. Streng genommen handelt es sich um eine Straftat, die geahndet werden kann, sobald du mit vierzehn Jahren strafmündig geworden bist. Das Gleiche gilt für Filme mit Gewaltszenen oder pornografischen Inhalten.

Instagram
Kostenlose App zum Teilen von Fotos und Videos, die dem Unternehmen Facebook gehört.

Log-in und Passwort
Damit meldest du dich in einem Computersystem (einem Blog, einem Forum) an, mit einer Benutzer-ID und einem Passwort. Gut merken, immer mal wieder ändern und gut verstecken! Und vor allem, niemandem verraten.

Nickname
Deinen *Spitznamen* fürs Internet legst du dir zu, wenn du deine wahre Identität in Chats oder sozialen Netzwerken verbergen möchtest. Viele suchen sich einen besonders originellen Namen aus oder benennen sich nach Helden ihrer Lieblingsbücher/-serien/-filme/-bands.

Spam
Unerwünschte E-Mails wie Werbesendungen oder solche von unbekannten Absendern. Hier kannst du einen entsprechenden *Spam-Filter* installieren.

Social Network
Jeder kann jeden kennenlernen, über das Schneeballprinzip kommen immer wieder neue Kontakte dazu – wenn sich Menschen im Internet auf einer gemeinsamen Plattform

treffen und sich locker zusammentun, spricht man von einer Netzgemeinschaft, dem *social network*. Das ist eine tolle Sache, denn auf diese Weise kannst du theoretisch unendlich viele neue Leute kennenlernen, spielen, stöbern, bloggen, lesen, jemanden suchen. Nachteil: Du verbringst unendlich viel Zeit vor deinem Computer, um all die Neuigkeiten und Fotos zu posten, während die Echtzeit an dir vorbeirauscht. Statt dich im Café mit deinen Freundinnen zu unterhalten, sitzt ihr über eure Smartphones gebeugt und checkt die Kommentare auf euren Profilen.

Anbieter wie Facebook *oder* Google+ haben mittlerweile eine große Mitgliederzahl, die Nutzung ist kostenlos und wird finanziert durch den Verkauf der Datenspuren, die du durch deine Netzaktivitäten hinterlässt. Achte bei deiner Registrierung unbedingt auf das sichere Anlegen deines persönlichen Profils und dass nicht jeder deine privaten Angaben und Einträge lesen darf. Mach dir unbedingt klar: Auch wenn deine persönlichen Einstellungen, Adressbücher oder Fotos nicht für alle User einsehbar sind – für den Netzwerkbetreiber sind sie es immer.

Update
Aktualisierung der Programme, die bereits rechtmäßig auf deinem Computer installiert sind. Solltest du regelmäßig durchführen, weil auf diese Weise Fehler bereinigt und neue Funktionen hinzugefügt werden.

WLAN
Wireless Local Area Network bezeichnet einen drahtlosen

Netzwerkzugang, also ohne Netzwerkkabel. Die achtstellige Zugangsnummer steht üblicherweise auf der Rückseite des Routers.

YouTube und andere Videoportale

Das sind Internetplattformen, die es dir kostenlos ermöglichen, eigene Videos hochzuladen und andere anzusehen und zu bewerten. Das Veröffentlichen von geschütztem Material ist strafbar, weshalb es aktuell einen Streit über die Urheberrechte von Musikvideos gibt.

YouTube selbst kontrolliert Filme auf rassistische, brutale und pornografische Inhalte. Das Unternehmen gehört mittlerweile zum Google-Konzern und täglich klicken sich Tausende Menschen durch das Portal, um Musikvideos anzuschauen, Bastelanleitungen zu bekommen oder Buchrezensionen zu verfolgen. Wörtlich übersetzt bedeutet YouTube etwa *Du bist im Fernsehen* – auf diese Weise kann jeder zum Star werden, denke nur an Blogger wie Freshtorge, Bibi, Dagi Bee oder Phil Laude.

12 Copy and Paste

Copy and Paste heißt auf Deutsch *Kopieren und Einfügen* und meint ursprünglich eine Arbeitsweise am Computer bzw. in einer Datei: Daten wie beispielsweise eine komplizierte Zahlenfolge oder ein längerer Text werden markiert, kopiert und an einer anderen Stelle in dem Dokument wieder eingefügt. An sich ein normaler und legaler Vorgang, solange nicht einfach fremde Texte kopiert und in eine eigene Datei eingefügt werden, ohne dies zu belegen.

Denn die Verlockung ist groß: Du suchst Informationen zu einem bestimmten Thema, findest im Internet drei Seiten genau so, wie du sie brauchst. Warum nicht einfach hergehen, den Text kopieren und in eine eigene Datei einfügen? Dieser Vorgang, auch „*Copy and Paste*"-Plagiat genannt, ist leider mittlerweile weitverbreitet und alles andere als ein Kavaliersdelikt.

Sei dir bitte klar darüber, dass du damit die Urheberrechte des Autors verletzt: **Die Aneignung fremder geistiger Leistungen unter eigenem Namen ist strafbar!** Das gilt für Politiker ebenso wie für Doktoranden wie für Schüler, die auf diese Weise täuschen und betrügen. Wenn du dich also auf einen fremden Text beziehst, der dir als Vorlage für dein Referat gedient hat, musst du immer die Quelle angeben. Das ist ein üblicher Vorgang bei wissenschaftlichen Arbeiten, damit das Gesagte nachvollzogen werden kann. Und wenn du wort-wörtlich zitierst, gibst du Autor, Buchtitel und Seitenzahl bzw. den entsprechenden Link an.

Niemand hat etwas dagegen, wenn du den Inhalt in deinen eigenen Worten wiedergibst. Nur achte darauf, dass erstens deine Quelle seriös ist (wenn du dich auf Schülerreferate be-ziehst, können Fehler darin sein!) und du zweitens die Fak-ten auch korrekt übernimmst (und nicht z. B. Zahlendreher einbaust). Auch Wikipedia ist mit Vorsicht zu genießen, weil diese Beiträge nicht immer wissenschaftlich geprüft sind. Si-chere Angaben findest du, wenn auch nicht kostenlos, bei Duden, Brockhaus und ähnlichen Standardwerken, deren Redaktionen für die Richtigkeit der Inhalte bürgen.

Zudem kannst du sicher sein, dass deine Lehrer die ent-sprechenden Seiten im Netz kennen, auf denen man klauen kann ... Für die Überprüfung wissenschaftlicher Arbeiten gibt es übrigens inzwischen spezielle Computerprogramme, die zuvor eingebaute Plagiatsfallen aufspüren und somit den Betrüger überführen können.

Mache es dir zur Angewohnheit, deine Quelle am Ende dei-nes Dokumentes zu vermerken. Dann weißt du immer, wo-her deine Informationen stammen. Beispiel:

Zitiert nach: Einwohlt, Ilona: Nonstop online. Grenzenlos digital unterwegs, Arena Verlag, Würzburg 2016, Seite 150, Quelle: www.referatschleuder.de.

13 Ja zum Urheberrecht

Die Diskussion ums Urheberrecht ist aktuell wie nie. Wir vom **NewGirl**-Magazin wollten wissen, was Autoren darüber denken, und haben deshalb Ilona Einwohlt interviewt.

NewGirl: Was ist eigentlich ein Urheber?
Ilona Einwohlt: Ganz einfach: Ein Urheber ist jemand, der ein Werk geschaffen hat: ein Bild, einen Text, ein Musikstück, eine Website, eine Landkarte. Auch ein Schüleraufsatz zählt dazu.
NG: Und wieso darf man die nicht einfach so kopieren?
IE: Weil der Urheber den im Urheberrecht geregelten Schutz des geistigen Eigentums in jederlei Hinsicht genießt. Anders gesagt: Niemand darf das Werk eines Urhebers ohne dessen Einwilligung veröffentlichen, vervielfältigen oder gar Geld damit verdienen.

NG: *Aber wie soll das gehen – im Internet kann jeder auf Musikvideos oder digitalisierte Texte zugreifen! Warum sollte ich das bezahlen? Das ist doch von gestern.*

IE: *Das ist überhaupt nicht von gestern, sondern sehr aktuell: Wir Künstler – Musiker, Autoren – verdienen ja mit unseren Werken Geld: Mit jedem verkauften Buch sichere ich mir ein Stück Lebensunterhalt, Essen, Miete, von meinen Kindern ganz zu schweigen. Wenn ich das nicht mehr habe – wovon soll ich dann leben? Wie soll ich dann weiterschreiben und kreativ sein?*

NG: *Sie meinen, wenn das Urheberrecht aufgehoben würde, würde es bald keine Künstler mehr geben?*

IE: *Richtig. Nimm zum Beispiel mich: Das Schreiben ist ja mein Beruf, damit bestreite ich meinen Lebensunterhalt, auch wenn ich es nach wie vor aus Leidenschaft betreibe. Aber irgendwovon leben muss ich ja! Nur wenige können sich große Sprünge leisten und verdienen richtig Kohle mit ihren Werken. Und selbst dann – die Unsicherheit bleibt immer: Wird das nächste Buch ein Erfolg? Mögen die Leute, was ich schreibe? Was mache ich in fünf Jahren, wenn niemand mehr meine Bücher lesen will? Deshalb ist es wichtig, dass geistiges Eigentum anerkannt und besser geschützt wird.*

NG: Dafür schreiben dann andere in Blogs, auf Twitter ...

IE: Ja, aber ist das wirklich zu vergleichen? Es geht um die Anerkennung und Honorierung von Kulturschaffenden! Von Menschen, die die Gesellschaft weiterbringen! Es geht um Inhalte, um Innovation, um Qualität, ums Nachdenken. Ein literarisches Werk, ein Roman, eine Komposition ist nicht vergleichbar mit einem kurzen Beitrag, den ich nebenbei in der U-Bahn poste. Das gilt übrigens auch für die kritische Auseinandersetzung mit Literatur, Musik und Kunst. Mit „mag ich – mag ich nicht" machen es sich die meisten viel zu einfach.

NG: Noch eine Frage: Hand aufs Herz – haben Sie schon mal irgendwo abgeschrieben?

IE: Ganz klar: Nein. Außer früher in der Schule ...

Ich lese viel Fachliteratur, natürlich ziehe ich mein Wissen daraus, natürlich inspirieren mich andere Texte, natürlich fließen Ideen ein. Das ist normal. Für jedes Buch, das ich schreibe, führe ich eine Bücherliste als Quellennachweis.

NG: Wir danken für das Gespräch.

Manchmal ist es schwer zu erkennen, ob Inhalte (Filme, Musik, Texte) illegal ins Netz gestellt wurden. Beachte: Immer, wenn der Film/die Musik/der Text an anderer Stelle im Internet kostenpflichtig ist, dann ist das kostenlose Angebot höchstwahrscheinlich illegal. Und selbst wenn „alle es machen" (zum Beispiel aktuelle Filme kostenlos im Netz anschauen – und dafür im Zwischen- oder Arbeitsspeicher eben auch kurzfristig zu speichern), heißt das noch lange nicht, dass das legal ist und dass du dabei nicht auch irgendwann erwischt werden und mit einer Geldstrafe belegt werden kannst (bzw. deine Eltern).

Du machst dich strafbar, wenn ...

- ... du im Internet urheberrechtlich geschützte MP3-Dateien mit deinen Freunden tauschst, obwohl du keine Lizenz hast.

- ... du illegale MP3-Quellen nutzt.

- ... du den Kopierschutz von DVDs oder CDs entfernst, um sie für Freunde zu duplizieren.

- ... du Inhalte von Websites auf deine eigene stellst.

- ... du das Referat deiner Freundin unter deinem Namen abgibst.

14 Safe Surfen

Erinnerst du dich an das Märchen vom Wolf und den sieben Geißlein? Da sind die Kinder alleine zu Hause und lassen den bösen Wolf nicht zur Tür herein. Der wiederum ist so hinterlistig und frisst Kreide, um seine Stimme zu verstellen, und lässt sich die Pfote mit Mehl bestäuben. Da denken die Geißlein, es sei ihre Mutter, und öffnen dem bösen Wolf die Tür, das Ende kennst du.

Wenn du alleine zu Hause bist, öffnest du garantiert auch nicht jedem die Tür. Du fragst über die Gegensprechanlage nach, du guckst aus dem Fenster oder durch den Spion. Erst wenn du dir sicher bist, dass du den, der um Einlass bittet, wirklich kennst, öffnest du. Denn deine Eltern haben dir bestimmt gesagt:

Mache niemanden, den du nicht kennst, die Tür auf!
Geh mit keinem Fremden mit!

Wenn du dich in deinem analogen wie virtuellen Leben an diese simplen Regeln hältst, kannst du dich ziemlich sicher vor fiesen Typen fühlen. Denn anstatt sich die Pfote mit Mehl einzustäuben, reicht es, sich umzubenennen und ein anderes Alter anzugeben.

Im WWW weißt du nie, mit wem du es wirklich zu tun hast!

Wer sich zusätzlich schützen will, installiert ein weiteres Schloss (= Spam-Filter! Security Software!), erzählt nicht jedem, wo er wohnt (= keine Adressangaben! Kein automatisches Ausfüllen), und hat im Extremfall noch nicht mal ein Namensschild an der Tür (= Nickname!) …

Folgende Tipps können dir außerdem helfen:

- Ein eigenes Benutzerkonto, bei dem du nichts Wichtiges verändern oder Gefährliches installieren kannst.

- Speichere unter Favoriten deine Lieblingsseiten, so erlangst du einen schnellen Zugang und vermeidest Tippfehler.

- Du kannst von vornherein problematische Seiten ausschließen, indem du bei der Suchmaschine unter Einstellungen den SafeSearch-Filter aktivierst.

- Benutze deine Webcam nur bei Freunden und Leuten, die du auch im realen Leben kennst.

- Leere regelmäßig den Cache (Puffer-Speicher)

Vorsicht beim Öffnen von unbekannten Websites oder Anhängen bei E-Mails, denn Folgendes birgt Gefahren:

Cookies
lassen dich „automatisch" auf Websites einloggen, wo du dann deine IP = Visitenkarte hinterlässt.

Trojaner
Programme, die du unbedarft installierst und die dann Informationen über deinen Rechner an den „Hersteller" senden.

Dialer
wählt sich auf deine Kosten in Websites ein. Wenn du keine Flatrate hast, wird das teuer.

Spyware
verschiedene Programme, die deine Daten ausspionieren und verschicken.

Virus
Umgangssprachlich wird so ein Programm bezeichnet, das sich in andere Computerprogramme einschleust und dort unkontrollierbar Einstellungen verändert, Daten löscht oder überträgt.

Hoax
ist eine Falschmeldung oder ein Jux, die medial verbreitet werden. Eine besondere Form davon sind Kettenbriefe.

Mehr Infos: www.klicksafe.de · www.jugendschutz.net

Recht am Bild 15

„Bildnisse dürfen nur mit Einwilligung des Abgebildeten verbreitet oder öffentlich zur Schau gestellt werden", heißt es im § 22 des KunstUrhG. Im Klartext: Ohne Einwilligung des Abgebildeten darfst du kein Foto veröffentlichen und niemand ohne deine Einwilligung eins von dir!!! Egal ob es ein, zwei oder mehrere sind, deine Freundinnen oder witzige Bauarbeiter, das „Recht am eigenen Bild" ist unumgänglich, bei Minderjährigen brauchst du sogar die Einwilligung der Erziehungsberechtigten. Außerdem muss der Urheber des Fotos (also der, der es gemacht hat) genannt werden, das gilt im Zweifelsfall für den professionellen Passbildfotografen ebenso wie für deinen Opi, der einen tollen Schnappschuss von dir geschossen hat.

Achte also immer darauf, welche Bilder von dir im Netz stehen und wer sie gemacht hat, im Zweifelsfall googelst du mal unter deinem Namen.

Wichtig zu wissen: Fotos von dir im Internet wirst du so schnell nicht wieder los. Vor allem bei Facebook kann es ewig dauern, bis deinem Löschantrag nachgekommen wird. Und womöglich haben es bis dahin andere schon heruntergeladen und es woanders gepostet oder sonst wie in den Umlauf gebracht.

Mehr Infos unter **www.rechtambild.de**.

Tipp

Witzige Partyfotos oder Selfies im Internet sind mittlerweile ein beliebter Spaß und es ist mehr als schwierig, sich dagegen zu wehren, weil du sofort als Spielverderberin dastehst. Wenn du es nicht magst: Wehr dich trotzdem, es ist dein gutes Recht. Triff mit deinen Freundinnen ein entsprechendes Abkommen, dass ihr euch gegenseitig vor solchen Fotoattacken schützt. Partyfotos gehören ins private Album, nicht auf eine öffentliche Plattform.

Persönlichkeitsrecht

Hierbei handelt es sich um ein Grundrecht. Es geht vor allem um die Achtung deines Namens, deiner Ehre und das Recht am eigenen Bild. Das Persönlichkeitsrecht schützt aber auch deine Privat- und Intimsphäre: Niemanden gehen deine familiären und häuslichen Umstände etwas an, ebenso wenig deine innere Gefühlswelt und deine sexuellen Aktivitäten. Wenn also jemand im *Social Network* solche Details über dich gegen deinen Willen ausplaudert, macht er sich strafbar.

DIE WÜRDE DES MENSCHEN IST UNANTASTBAR!

Computergesunde Tipps 16

Dauersurfen macht krank! Wenn du viel und gerne vorm Computer sitzt, musst du unbedingt für körperlichen Ausgleich sorgen.
Hier ein paar Tipps für dich:

Kopfschmerzen: ein Schmerz, viele Ursachen (s. Abschnitt über Augen, Nacken und Schulter, Rücken) und immer ein Signal für Überforderung.
Das hilft: Computer aus, Pause machen und raus an die frische Luft! Wasser trinken, manchmal hilft ein Stück Schokolade und ausreichend Schlaf sowieso.

Augenbrennen: Ein guter Bildschirm ist ebenso wichtig wie ausreichender Abstand (50 cm) zum Monitor und dass sich nichts darin spiegelt.
Das hilft: Blick ins Grüne, in die Ferne oder Augen einfach mal schließen. Augentropfen zum Befeuchten können ebenfalls helfen.

Nacken- und Schulterschmerzen: aufrecht gehen, aufrecht stehen – und aufrecht vorm Computer sitzen und nicht irgendwie vor dem Bildschirm herumlümmeln.

Das hilft: massieren lassen und Wärmekissen sowie sanfte Dehnübungen und Bewegung.

Hand- oder Ellenbogengelenkschmerzen: Tastatur und Maus sollten mit dem Ellenbogen eine Ebene bilden, mit zehn Fingern schreibt es sich entspannter.

Das hilft: aufhören und kühlen! Außerdem vorsichtig dehnen, wenn du keine Schmerzen hast.

Rückenschmerzen: Gerade Haltung, für die Füße am besten eine feste Auflage, damit du im Neunzig-Grad-Winkel am Schreibtisch sitzen kannst.

Das hilft: bewegen und dehnen, auf dem Boden mit angewinkelten Beinen hin- und herrollen (= Rückenschaukel).

Anhaltende Schmerzen gehören ärztlich abgeklärt!

Nicht vergessen:

Sport und ausreichende Bewegung an der frischen Luft helfen dir, gesund und fit zu bleiben.

Cybermobbing 17

Das Internet ist kein rechtsfreier Raum. Auch hier gilt, dass „üble Nachrede und Verleumdung" gemäß §186 und §187 Strafgesetzbuch geahndet werden können und unter Umständen eine Anzeige zur Folge haben, weil ein Persönlichkeitsrecht verletzt wurde. Das bedeutet, du kannst dich gezielt gegen Cybermobbing wehren, genauso kannst du belangt werden, wenn du zum Beispiel in deiner Wut über eine Lehrerin oder Freundin in irgendeinem Chat diese namentlich nennst und unhaltbare Gerüchte streust.

Um dich vor Angriffen aus dem Netz zu schützen, kannst du Folgendes tun:

- Gib so wenig Daten wie möglich von dir im Internet preis, also niemals die vollständige Adresse oder deine Handynummer.
- Lade möglichst wenige Bilder und Videos von dir hoch.
- Achte auf die Sicherheitseinstellungen für den privaten Bereich, wenn du dir ein Profil anlegst. Vorsicht: Die können höchst unterschiedlich sein, je nach Netzwerkbetreiber!
- Gib deinen privaten Bereich nicht für jeden frei, sondern nur für enge Freunde, die du persönlich kennst.

Die Tatsache, dass der Leitfaden mit Schritt-für-Schritt-Anleitungen zum Schutz der Privatsphäre in sozialen Netzwerken wie Facebook sechzig Seiten lang ist, zeigt, dass das Thema Sicherheit ernst ist und auch nicht auf die leichte Schulter genommen werden sollte. Mach dich schlau!

Folgendes kannst du tun, wenn du Opfer von Cybermobbing bist:

- Lass dir das nicht gefallen! Wehre dich und werde sofort aktiv, indem du mit Menschen deines Vertrauens sprichst: mit deinen Eltern, deinem Lehrer, dem Schulsozialarbeiter. Dieser erste ist der wichtigste und vielleicht auch schwerste Schritt. Aber damit bleibst du nicht das arme Opfer!

- Beweise sammeln! Fertige Screenshots an und/oder Ausdrucke mit Datum und Uhrzeit, speichere Dateien, hole Zeugen vor den Bildschirm oder ans Handy. Nur so kannst du beweisen, was da wirklich gegen dich läuft.

- Ignorieren, die Erste: Leichter gesagt als getan. Am einfachsten ist, den Computer auszulassen oder sich eine neue Handy-Nummer zuzulegen, du kannst aber auch Spam-Filter nutzen oder denjenigen von deiner Freundesliste löschen.

- Ignorieren, die Zweite: Antworte nicht und reagiere nicht auf die Beleidigungen, damit machst du alles nur noch schlimmer. Irgendwann vergeht dem Mobber dann der Spaß …

- Wenn es gar nicht mehr anders geht: melden! Beim Anbieter des Sozialen Netzwerks oder, wenn es sein muss, bei der Polizei. Cybermobbing ist strafbar, Verletzung der Persönlichkeitsrechte sowieso.

Von wegen blinde Kuh 18

Ein Blind Date ist eine aufregende Sache: Du triffst jemanden, den du zuvor weder gesehen noch gesprochen hast. Ihr habt euch über E-Mail/Internet kennengelernt und verabredet oder gar über eine der vielen Single-Börsen. Kann toll sein, kann aber auch hoffnungslos ins Auge gehen und ganz ehrlich: Das ist meistens der Fall!
Deswegen:

Hände weg von kostenlosen (!) Flirt-Chats oder Single-Börsen.

Glaubst du ernsthaft, hier findest du den Richtigen? Und mal Klartext: Soll das vielleicht „romantisch" sein, wenn man seine erste Liebe, die sich normalerweise zart und vorsichtig anbahnt, im Internet findet? Und wenn ein „Ben" schreibt, „wow, bist du aber hübsch", geht das natürlich runter wie Öl. Aber hallo, woher weißt du, dass hinter Ben nicht ein Karl-Heinz, ein Rüdiger oder Manfred stecken?! In diesen Foren können immer auch fiese Typen herumlümmeln, Männer über fünfzig, die sich an deinem Foto und deiner Jugendlichkeit aufgeilen. Lass das nicht zu, mach da nicht mit! Wenn du flirten willst, Spaß haben, Jungs kennenlernen möchtest, klappt das im analogen Leben auch, garantiert. Noch mal:

- Jeder, der im Internet unterwegs ist, verschlüsselt im Zweifelsfall seine wahre Identität. Du kannst dir *nie* sicher sein, ob sich hinter *PeggySue* oder *Rosarot* tatsächlich ein Mädchen verbirgt oder nicht – außer du weißt, dass es sich hierbei um deine Freundin handelt.

- Ja, ist es aufregend, im Netz unverfänglich zu flirten und mit der eigenen Identität zu spielen. Diese Rollenspiele machen Spaß und sind eine spannende Erfahrung, um dich auszuprobieren. Mehr aber auch nicht!

- Ja, es ist schwierig herauszufinden, wer man ist und was man will. Die schlechte Nachricht: Es hört dein Leben lang nie auf. Die gute: Deswegen bist du einzigartig und nicht todsterbenslangweilig!

- Dein reales Leben ist immer noch das, was zählt, und zwar so, wie du in Wirklichkeit bist, mit allen Ecken und Kanten und Schönheitsfehlern. Du bist in echt viel spannender als deine Internetidentität. Wetten?

Bist du mediensüchtig? 19

Sei es zum Spielen oder Chatten oder Facebooken: Werden mehr als fünf Stunden täglich vor dem Computer verbracht, sprechen Experten von Mediensucht, einer sogenannten substanzlosen Sucht (wie Kaufsucht, Sexsucht oder Sammelsucht), deren psychische Abhängigkeit nicht zu unterschätzen ist. In Deutschland gibt es derzeit etwa 600.000 mediensüchtige Jugendliche, Tendenz steigend.

Finde mithilfe der folgenden Fragen heraus, ob du Gefahr läufst, mediensüchtig zu werden. Je öfter du zustimmst, desto gefährdeter bist du.

❏ Ich nutze das Internet zum Chatten/für meine sozialen Netzwerke.

❏ Ich nutze das Internet zum Spielen.

❏ Wenn ich (online) spiele, kann ich nicht essen – wenn ich esse, kann ich nicht spielen – also esse ich nicht.

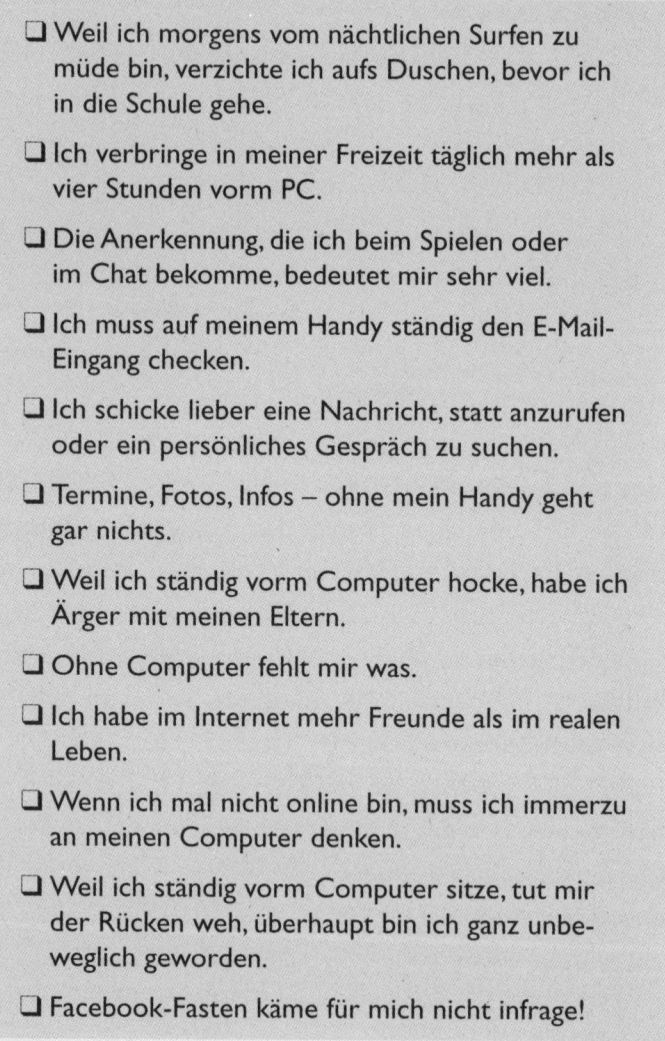

❏ Weil ich morgens vom nächtlichen Surfen zu müde bin, verzichte ich aufs Duschen, bevor ich in die Schule gehe.

❏ Ich verbringe in meiner Freizeit täglich mehr als vier Stunden vorm PC.

❏ Die Anerkennung, die ich beim Spielen oder im Chat bekomme, bedeutet mir sehr viel.

❏ Ich muss auf meinem Handy ständig den E-Mail-Eingang checken.

❏ Ich schicke lieber eine Nachricht, statt anzurufen oder ein persönliches Gespräch zu suchen.

❏ Termine, Fotos, Infos – ohne mein Handy geht gar nichts.

❏ Weil ich ständig vorm Computer hocke, habe ich Ärger mit meinen Eltern.

❏ Ohne Computer fehlt mir was.

❏ Ich habe im Internet mehr Freunde als im realen Leben.

❏ Wenn ich mal nicht online bin, muss ich immerzu an meinen Computer denken.

❏ Weil ich ständig vorm Computer sitze, tut mir der Rücken weh, überhaupt bin ich ganz unbeweglich geworden.

❏ Facebook-Fasten käme für mich nicht infrage!

Wenn du das Gefühl hast, es ist *too much*: Gönn dir eine Pause, auch auf die Gefahr hin, dass du Freunde verlierst oder dich unbeliebt machst (gleichzeitig erkennst du, wer deine wahren Freunde sind?!).

Offline-Tricks:

Schlafenszeit ist Schlafenszeit: Dein Körper, deine Seele, dein Gehirn brauchen eine Pause, um die Erlebnisse des Tages zu verarbeiten. Damit du morgens frisch und erholt aufwachst: Handy aus und am besten über Nacht an die Ladestation außerhalb deines Zimmers. Richtig, das ist ein Tipp aus der Steinzeit, aber ungemein hilfreich, um deine Privatsphäre zu schützen. Es sei denn, du willst wirklich immer und überall on sein und dir ist es egal, nachts um zwei geweckt zu werden. (PS: Weil alle es so machen und denken, sie müssten rund um die Uhr verfügbar sein, heißt es noch lange nicht, dass das richtig ist!)

Stundenplan machen: Schreibe dir eine Woche lang genau auf, wie du deinen Computer benutzt und welche anderen Pflichten und Aktivitäten du hast (Schule, Sportverein, Freunde treffen). Dann machst du dir einen Benutzungsplan für deinen Computer: nie vor der Schule, eine Stunde abends; regelmäßig Freunde treffen und Sport machen.

Zeitschaltuhr aktivieren: Wenn du denkst, du hast deinen Medienkonsum nicht im Griff, kannst du eine Uhr installieren. Nach zwei Stunden loggt sich dein Rechner automatisch aus. Nicht sehr witzig, wenn du gerade mitten in einem coolen Chat bist, aber ungeheuer hilfreich, wenn du von dir weißt, dass du selbst nie ein Ende findest.

Deinen Eltern Bescheid sagen: Uncool, aber es soll solche Fälle geben. Vielleicht freuen sie sich, dass du dich so toll alleine beschäftigen kannst, vielleicht sind sie aber nur genervt, weil du ständig am Daddeln und/oder Chatten bist, und unterstützen dich gerne dabei, deinen Computerkonsum einzuschränken. Zum Beispiel können sie dir eine halbe Stunde, bevor du Schluss machen willst, Bescheid geben, damit du das letzte Level rechtzeitig speichern kannst.

Freundinnen treffen: Wir Menschen sind nicht als Einzelgänger geboren, wir brauchen soziale Kontakte, um uns wohlzufühlen. Soziale Netzwerke und ihr Klatsch und Tratsch sind nur eine sehr moderne Form des gegenseitigen Lausens. Besser ist es, direkt und ohne Umwege miteinander zu reden, sich anzusehen, sich in den Arm zu nehmen. Verbringt gemütliche Nachmittage miteinander, macht ein Picknick oder backt verrückte Kuchen, engagiert euch für Tiere. Mach mal eine Offline-Party! (Aber nicht über Facebook einladen, je nach Einstellung, kommen entweder Tausende oder es kommt gar keiner.)

Mutprobe für ganz Starke: Medienfasten

Bleib mal zwei Wochen offline: kein Fernsehen, kein Internet, kein Handy … Am besten führst du in dieser Zeit ein Tagebuch und schreibst auf, welche Erfahrungen du dabei sammelst. Vielleicht machen ja deine Freundinnen mit?

Alles Freunde – 20
oder was?

Du brauchst jemanden wie deine Freundin, die dich spiegelt, dir mit ihrem Gesichtsausdruck und ihren Gesten zeigt, was sie gerade fühlt. Deine Clique, um Sicherheit und Anerkennung zu erfahren. Deine Eltern, denen du vertraust. Dann stellt sich dieses wunderbare Gefühl der Vertrautheit ein, die Sicherheit gemocht und verstanden zu werden. Aber Freundschaften verändern sich, nicht nur, wenn die andere wegzieht oder sich verliebt oder lieber mit anderen unterwegs ist.

Während man früher per Hand einen Brief an eine Person geschrieben hat, der mit der Post zwei Tage unterwegs war, reichen heute wenige Klicks und binnen Sekunden erreicht deine Mitteilung mindestens fünf deiner Freundinnen. Twitter, ICQ, MNS, Skypen – während man sich früher genau überlegt hat, wem man was erzählt, gibst du heute in kurzen Abständen Kommentare zu deinem Befinden ab, denn die Frage ist immer: „Was machst du gerade?" (egal, wie spannend das ist oder ob es andere etwas angeht).

Freundschaft im Netz hat längst eine andere Bedeutung bekommen: Durch das Schneeballprinzip kommen auf einer

Internetplattform ständig neue „Freunde" dazu. Schwierig zu entscheiden, ob das dann „wirkliche" Freunde sind, zumal du nicht weißt, wer sich dahinter verbirgt (es sei denn, ihr kennt euch aus dem realen Leben und habt eure Kontaktdaten getauscht). Ohne Frage macht es Spaß, sich mit Hunderten von „Freunden" in den unterschiedlichsten Gruppen und Foren auszutauschen, Neuigkeiten zu twittern oder sich Tipps einzuholen.

Folgendes sollte dir jedoch immer dabei bewusst sein:

- Dein reales Leben ist das Einzige, was zählt! Egal ob du im Rollenspiel steckst oder eine tolle Netzidentität hast. Verwechsele es nie!

- Plattformbetreiber profitieren von deinen Daten, denn sie verkaufen das Wissen um deine Interessen und Vorlieben bzw. nutzen es zu Werbezwecken. Mit Freundschaft verdienen also andere Geld!

- Freundschaft im Netz ist unverbindlich und meistens anonym. Ebenso schnell, wie du dazugehörst, hast du dich auch wieder abgemeldet. Ein Mausklick oder eine Nachricht – und die Sache ist vorbei.

Ilona Einwohlt

Alicia

Unverhofft nervt oft

Eigentlich war Alicias Leben allein mit Oma und Vater in bester Ordnung. Bis sie eines Tages im Badezimmer ihrer nackten Mathelehrerin gegenübersteht. Ausgerechnet Roselotte Froboese, nervigste Lehrerin aller Zeiten, ist Papas neue Freundin. Noch schlimmer: Sie zieht mit Kindern, Katze und Krempel bei ihnen ein und stellt Alicias gesamtes Leben auf den Kopf.

978-3-401-06932-6

Wer zuerst küsst, küsst am besten

Alicia brennt darauf, ein weiteres Tagebuch ihrer verschwundenen Mutter zu lesen. Doch dafür gibt es eine Bedingung: Sie muss ihren ersten Kuss erlebt haben! So ein Mist, dass sie sich gar nicht für Küssen und Verliebtsein interessiert. Und überhaupt: Ab wann zählt ein Kuss denn als Kuss?

978-3-401-06995-1

Liebe gut, alles gut!!!

Verliebt sein macht keinen Spaß, findet Alicia. Vor allem, weil ihr Freund Tim nur Fußball im Kopf und gar keine Zeit für sie hat. Zu allem Überfluss dreht ein neugieriges Fernsehteam auf dem alten Bahnhof eine Dokumentation. Dabei forscht die Reporterin heimlich nach den Spuren von Alicias verschwundener Mutter. Alicias Leben steht mal wieder völlig Kopf!

978-3-401-60044-4

Arena

Auch als E-Books erhältlich

Jeder Band:
Klappenbroschur
www.arena-verlag.de

Ilona Einwohlt

Drillingsküsse
Wen lieb ich und wenn ja, wie viele?

Als sich Maja Knall auf Fall in einen wahnsinnig süßen Typen verliebt, ahnt sie nicht, auf was sie sich da eingelassen hat. Denn dieser Stewart ist ein Drilling! Wie findet sie jetzt nur heraus, welcher der drei Sunnyboys ihr den Kopf verdreht hat? Drei Dates zu vereinbaren wäre die eine Möglichkeit, Probeküssen die andere. Doch da hat Majas beste Freundin Carla eine wahnwitzige Idee ...

Arena

Auch als E-Book erhältlich

248 Seiten • Arena Taschenbuch
ISBN 978-3-401-50512-1
www.arena-verlag.de

Ilona Einwohlt

Mein Knutschfleck und ich

Sina hat einen Knutschfleck! Wie wird sie den bloß wieder los? Und wie geht das überhaupt – richtig küssen? Und wen? Während Sina von einer chaotischen Flirtgeschichte in die nächste stolpert, zermartert sie sich gleichzeitig das Hirn darüber, wer sie ist und wo sie hin will. Aber eins weiß sie jetzt schon: Nie-nie-niemals will sie so langweilig werden wie ihre Eltern...

978-3-401-50445-2

Meine Clique und ich

Sina möchte unbedingt dazugehören zu der Clique der Edlen. Und sie ist so stolz darauf, dass Xenja, Maximiliane und Katharina-Sophie sie als neues Mitglied auserkoren haben. Aber muss sie auch um jeden Preis Designerklamotten tragen? Vorglühen, bevor es auf eine Party geht? Und was für bunte Pillen soll sie da nehmen? Sinas anfängliche Begeisterung für die Clique schlägt bald in Ratlosigkeit um.

978-3-401-50447-6

Die Liebe und ich

Sina ist verliebt – bis über beide Ohren! Die Hormone tanzen und alles ist rosarot. Und doch gibts schon wieder was zu grübeln: Ist er der Richtige fürs erste Mal? Was muss ich dazu wissen? Und: Wie geht das überhaupt? Sinas kribbelige Liebesgeschichte mit vielen persönlichen Sina-Tipps und Infos zu Liebe, Sex, Verhütung und Co.

978-3-401-50451-3

Auch als E-Books erhältlich
www.sinasblog.de

Jeder Band:
Arena Taschenbuch
www.arena-verlag.de